Martin Orack

Zensur 4.0

Herstellung und Verlag:

BoD – Books on Demand, Norderstedt

ISBN 9783741228537

Martin Orack

Zensur 4.0

Gliederung

Einleitung

Früher war Zensur eine klare Aussage. Der Staat hat seinen Bürgern Informationen vorenthalten, Medien durften nicht alles verwenden, Bücher oder Zeitschriften wurden verboten oder durften nicht dargeboten, sondern nur „unter dem Ladentisch" verkauft werden, bei Filmen gibt es die Freiwillige Selbstkontrolle (FSK).
Daneben gab es auch über die Erziehung durch Eltern und die Schule erlernte Verhaltensregeln, was man tut und was nicht. Man konnte sich an all diesen Dingen reiben, eine Öffnung diskutieren, aber alles blieb überschaubar, es gab eine klare Grenze zwischen „erlaubt" und verboten, die sich nur langsam durch gesellschaftliches Verhalten änderte oder schwankte.
Das hat sich mit der Digitalisierung dramatisch geändert. Wesentlich ist insgesamt nicht mehr die nach wie vor vorhandene klassische Zensur in autoritären Staaten, wo das alte Gehabe auch auf die neuen Medien anzuwenden versucht wird, also Zugriffsverbote, -sperren oder Löschungen.
Zum Teil gibt es auch bei uns solche Versuche bei Pornoseiten oder anderen Netzinhalten, meistens in Form „freiwilliger" Selbstkontrolle, teilweise aber auch durch Strafandrohung.

Wesentlicher ist die indirekte und meistens unbemerkte Zensur oder Bevormundung, die dann auch noch als technischer Fortschritt gepriesen wird, um als Vorteil angenommen zu werden oder Gegnern ein schlechtes Gewissen zu machen, die sich davon nicht beglücken lassen wollen.

Ich möchte im Folgenden an einigen Beispielen beschreiben, wie gravierend diese Zensur 4.0 in unser Leben eingreift, uns viele Freiheiten nimmt und wir nicht darüber aufgeklärt werden. Letzteres wäre ja wohl das mindeste, was ein freier Mensch erwarten kann.

Sicher sind mein Beispiele nicht vollständig, allein schon wegen der rasenden technischen Weiterentwicklung. Aber auf jeden Fall ist es schon beklemmend, was da mit uns geschieht.

Das Abhören oder Speichern persönlicher Daten verführt viele zu der unglaublichen Antwort „wenn ich das nicht will, kann ich ja die Anwendungen vermeiden".

Ich finde es unerträglich, wenn auch gerade die Bundeskanzlerin so etwas äußert und zum Abhören ihres Handys meinte „wichtige Informationen übermittle ich anders". Das finde ich ungeheuerlich. Ich will nicht gezwungen sein, mein Verhalten zu ändern, ganz abgesehen davon, dass auch daraus wieder bewertende Schlüsse über eine Person gezogen werden können. Das wäre so, als würde man von mir erwarten, dass ich meine Briefe in einer gesicherten Stahlkassette verschicke, wenn ich das Briefgeheimnis bewahren will. Das darf von niemandem erwartet werden müssen.

Stattdessen müssen die behördlichen und gesellschaftlichen Abläufe und Beziehungen so gestaltet werden, dass eine Verletzung von Regeln auffällt und geahndet wird.

Wir sollten uns nicht nur gegen alle Versuche einer Zensur 4.0 wehren, sondern endlich auch jede bisherige Form von Zensur aus unserer Welt verbannen. Jeder muss selbst verantworten, was er tut, wenn es keinem anderen schadet.

Die Erziehung von Kindern und Jugendlichen darf nicht durch Verbote und Zugriffssperren erfolgen, sondern muss eine Begleitung ins Leben sein, in dem alle Erwachsenen in der Lage sind, sich ohne Bevormundung so zu verhalten, dass es anderen nicht schadet.

Niemand hat ihnen umgekehrt aber auch vorzuschreiben, wie sie sich verhalten sollen, wenn es nur sie selbst oder eine einvernehmliche Gruppe, wie die Familie, betrifft, solange alle Persönlichkeitsrechte auch für Minderjährige beachtet werden.

Im Grunde übt jeder von uns schon immer Zensur aus, denn jeder hat sein eigenen Bild von den anderen, von den Meldungen und den Zusammenhängen von Ereignissen. Diese persönliche Sicht beeinflusst, wie wir etwas weiter erzählen oder bewerten. Dabei geht es gar nicht um bewusste, dann vielleicht vermeidbare Beeinflussung anderer, sondern auch um unbewusste Wahrnehmungen oder Bewertungen.

Schöne Beispiele sind Zeugenbefragungen, die oft nur zu deutlich zeigen, dass es "die Wahrheit" nicht gibt, sondern nur ein Puzzle schlecht zueinander passender Teile. Dessen sollte man sich immer bewusst sein, um sich einen klaren Blick zu bewahren.

Die Menschen und ihr Verhalten waren schon immer so, aber mit den modernen digitalen Anwendungen, Verfahren und Möglichkeiten ergibt sich eine ganz neue Qualität. Es werden in immer kürzerer Zeit immer mehr Menschen von Aussagen und Behauptungen erreicht.

Die globale Vernetzung bringt auch eine unvergleichbare Quantität von Daten und Inhalten.

Auch alle Medien üben durch die dort arbeitenden Menschen im Sinne unbewusster, subjektiver Bewertung und Auswahl schon immer Zensur aus. Aber heutzutage gewinnt die bewusste Ausgrenzung oder Betonung von Meldungen immer mehr Umfang und Gewicht.

Medien, die der freien Wirtschaft unterliegen, sich also abhängig machen über ihre Finanzierung, üben auch gezielte, bewusste Zensur aus, sowohl in dem, was sie veröffentlichen in Form von Vorurteilen, Verschwörungen, Falschmeldungen und halben Wahrheiten, als auch in dem, was sie nicht veröffentlichen.
Hier haben total intransparent die Redaktionen und Eigentümer die Entscheidung. Hier kann bestenfalls durch Boykott Einfluss genommen werden.

Es gibt leider TV-Sender, die man eher im US-amerikanischen Hinterland als bei uns angesiedelt sehen möchte.
Ihr Einfluss beim Dummhalten der Bevölkerung oder der Verwässerung unserer Werte ist leider sehr groß.
Aber auch die angeblich "öffentlichen" Medien sind mit ihren Aufsichtsgremien nicht wirklich transparent und unabhängig, werden über diese Gremien zensiert. Wirklich unerträglich werden allerdings die neuen Formen der Zensur in den sozialen Medien und bei den Geheimdiensten.

Ich habe versucht, meine Ausführungen einigen Oberbegriffen zuzuordnen.
Das ließ sich aber nicht wirklich strikt durchführen, denn jedes Gebiet der Betrachtung hängt mit vielen anderen Gebieten zusammen.
Dadurch kommen etliche Gedanken mehrfach vor, das lässt sich einfach nicht vermeiden.
Die versuchte Struktur soll auf jeden Fall den Einstieg über Teilthemen erleichtern.
Bei der Beschäftigung mit dem Thema ist mir aufgefallen, dass es durchaus Überschneidungen zwischen Zensur und Diskriminierung gibt bei Inhalt und Betroffenheit.
Beide Themen können sich gegenseitig bedingen oder aufeinander auswirken.

Ich habe mir deshalb an einigen Stellen Ausführungen zu Diskriminierungen erlaubt, die Betrachtung aber jeweils nicht umfassend aufgegriffen.

Ich finde den Aufruf der Kanzlerin Merkel auf der Messe Bitcom, dass die Wirtschaft sich mehr mit BigData beschäftigen soll, vollkommen daneben. Politisch wichtig wäre, auf die Gefahren und mögliche gesetzliche Regelungen hinzuweisen. Der Aufruf hebt zu stark auf den wirtschaftlichen Nutzen ab. Hier sollte der Staat eher schützend als drängend aktiv vorpreschen.

Ich verstehe Zensur im Rahmen dieser Darstellung als das Vorenthalten nicht nur von Informationen (im klassischen Sinn), sondern auch die Einschränkung meiner Möglichkeiten, meine personenbezogenen Daten zu kontrollieren oder auf sie zuzugreifen, oder auch die Nötigung zur Verhaltensänderung oder freiwilligen Selbstkontrolle, um unauffällig durchs Leben zu kommen.
Das alles zusammen zerstört die persönliche Freiheit und damit die Demokratie.

Wenn soziale Medien zur Löschung aufgefordert werden oder das sogar versprechen, dann ist das eigentlich Zensur, die aber allein deshalb nicht stattfindet, weil gar nicht durchführbar.

Eine aktive, direkte Zensur im bisherigen Sinn müssen wir passiv erdulden, es wird uns etwas vorenthalten
Eine passive, indirekte Zensur ist unsere aktive Verhaltensanpassung an erwünschte Kriterien.

Fast täglich geht irgendeine Meldung über Automatisierung, Digitalisierung, Überwachungsmethoden durch die

Medien. Wir sollten auf Grund all dieser Meldungen aber nicht in Angst verfallen, sondern selbstbewusst dagegen handeln.

Wir sollten auf keinen Fall zwanghaft durch Verhaltensänderungen vermeiden und verbergen, sondern andere Wege zum Ziel probieren, protestieren gegen Applikationen, Algorithmen und ihre Anwendung gegen unseren Willen.

Dazu können und sollen wir gewohnte Wege im Netz verlassen, soziale Medien wechseln, andere und europäische Suchmaschinen verwenden, am besten Dienste ohne Finanzierung durch Werbung.

Bildungsmaßnahmen und die Politik der Regierungen sind gefordert, uns auch auf diesen Gebieten unsere Menschenwürde und unserer freie Entscheidung zu erhalten.

Vorratsdatenspeicherung

Das Recht der Bürger an ihren persönlichen Daten wird durch totale Überwachung und Rasterfahndung unterdrückt. Es gibt große Mengen von Daten zu jeder Person, die diese weder prüfen noch korrigieren darf.
Damit ist eine Manipulation durch unüberprüfbare Behauptungen leichter möglich!
Denn wenn der Bürger sich gezwungen sieht, bestimmte Zugriffe auf das Internet zu vermeiden, um keine falschen Schlüsse über ihn zu ermöglichen, dann kann er sich nicht umfassend informieren und dann auch Falschaussagen nicht als solche identifizieren. Mit der Zunahme eines solchen Verhaltens steigt auch die Unmündigkeit der Bürger.
Wer traut sich trotz starker Informationslust, Naziseiten oder Bombenbaupläne im Internet zu suchen oder anzuschauen, denn diese Stichworte machen denjenigen sofort als Täter verdächtig und bringen ihn in die Bobachtung und Verfolgung im Sinne eines Generalverdachts.

Sicher ist es auch nachteilig, Seiten von Aktionsgruppen oder Wikipedia oder eine Suchmaschine aufzurufen, um sich über Stuttgart21 oder über den Tatbestand der Pädophilie, Geldwäsche, Terror oder was auch immer zu informieren.
Ein weiteres Beispiel für die Einschränkung freier Informationen ist das Themen Drogen, was aber wichtig für mündige Bürger bei der Frage der gesetzlichen Behandlung wäre.
Oder man denke an Infos über IS oder Dschihad oder Salafisten oder Waffenhandel.
Der Versuch, sich zu informieren sollte niemanden verdächtig machen! Wehret den Anfängen.

Viele Bürger unterlassen es, sich umfassend zu informieren, aus Angst, durch falsche Schlüsse in einen Verdacht oder eine Rasterfahndung zu geraten. Und das ist das wirklich gefährliche an der Totalüberwachung.

Es sollte nicht nur ein Inforecht, sondern eine Infopflicht für Wahlberechtigte geben, damit sie sich eine unabhängige Meinung bilden können. Der jetzige Zustand ist eine indirekte ("freiwillige") massive Zensur. Das können wir nicht wollen, das kann unsere Demokratie nicht vertragen, deshalb sollte es unsere Regierung, mindestens unser Parlament nicht wollen.

Eine Möglichkeit dagegen zu protestieren wäre eine umfassende Provokation, also in den sozialen Netzen Tage zu verabreden (Tag gegen den Bombenbau, Tag gegen Nazi-mitläufer...) an dem Millionen Internetnutzer entsprechende Seiten aufrufen. Das wäre nicht mehr auswertbar, damit gelangen nicht mehr Einzelne in Generalverdacht, sondern der Verdacht prallt am Rauschen der Millionen ab. Wenn "alle" etwas tun, können nicht Einzelne unter Verdacht stehen.

Doch ein solcher Protest der Anwender wäre vielleicht mal ganz lustig, um auf das Problem hinzuweisen, aber es ist nicht wirklich lustig, zu solchen Methoden der Verhaltensänderung greifen zu müssen. Hier wird der Bürger in den Informations-Untergrund gedrängt.

Ein Problem besteht ja auch dann, wenn man in der Vergangenheit Seiten aufgerufen hat, die erst in Zukunft unter Verdacht geraten, denn das kann man ja nicht ungeschehen machen, nicht rückwirkend vermeiden. Immer wieder gibt es auch das Problem, durch Schreibfehler oder Umleitung versehentlich auf verdächtige Seiten zu geraten.

Daraus folgt, es darf keine pauschale Erfassung und Auswertung geben, sondern nur gerichtlich verfügt in wenigen Einzelfällen.

Und wir sind bereits auf dem besten Weg, unserer Freiheit und Demokratie zu schaden. Also sollte es keine Erfassung und Auswertung durch Sicherheitsdienste ohne begründeten, gerichtlich beglaubigten Einzelverdacht geben. Wenn wir uns nicht wehren, sind unsere Freiheit und unsere Demokratie bald am Ende.

Die mindeste Randbedingung bei einer Vorratsdatenspeicherung müsste die Führung zweier unabhängiger Datenbanken mit doppelter Verschlüsselung sein. Die eine Datenbank enthält die Daten bezogen auf einen Schüssel, die zweite Datenbank ordnet die Schlüssel den überwachten Objekten zu.

Nur auf richterlichen Beschluss dürften dann im Einzelfall Daten und Objektidentität zusammengeführt werden. Das ist technisch möglich. Die Auswertung müsste dann in einem dritten System erfolgen.

Ich habe bewusst den Begriff Objekt statt Person gewählt, denn in den meisten Fällen werden die Vorratsdaten fälschlicherweise auf Personen bezogen, die dann fälschlicherweise belastet werden.

Siehe dazu auch das folgende Kapitel Personenprofile.

In der organisierten Kriminalität ist es sowieso überwiegend so, dass Prepaid-Handys in großer Zahl ständig die Person wechseln, so dass kaum brauchbare persönliche Profile aus den Daten erstellt werden können.

Personenprofile

Wünschenswert wäre es, wenn Suchalgorithmen unabhängig von Person und Ort wären, also jeder erhält überall auf der Welt die gleiche Auskunft, ob bei Suchmaschinen oder Kaufangeboten. Auch die Sprache(n) sollte jeder frei wählen können.

Die Algorithmen und Applikationen sollten nicht abhängig vom Wohn- oder Aufenthaltsort nur eine entsprechende Auswahl von Seiten anbieten. Vielleicht will die Person im Urlaub andere Informationen und in anderer Sprache bekommen, oder überall immer auf Deutsch und unabhängig davon, ob derjenige oder sein afrikanischer Bekannter gerade das Gerät bedienen.

Werden wirklich alle zugänglichen Seiten durchsucht oder nur eine Vorauswahl (nach was?)

Wenn keine Volltextsuche, was dann?

Angeblich werden von Google keine Meta-Tags mehr ausgewertet mit dem scheinheiligen Argument, dass Seitenbetreiber damit die Suche beeinflussen könnten. Ja schon, aber immer noch transparenter und besser als mit Geld.

Das Problem von Trittbrettfahrern lässt sich eingrenzen durch Kombination von Tags und Text und Bezügen, der Werbeetat ist aber kaum zu knacken und sein Einfluss auch nicht heilbar durch Nutzer.

Es sollte eine unabhängige Behörde beauftragt werden mit der Beobachtung und Prüfung der Internetinhalte und dem rechtlichen Verhalten. Die Neutralität von Suchalgorithmen sollte geprüft werden durch Stichproben. Bei Abweichung sollte es über Abmahnung und Terminsetzung zu Bußgeld mindestens für Ordnungswidrigkeiten kommen.

Zusätzlich ist ein EIN/AUS-Schalter für eigene Tests und Verantwortung der Nutzer zu fordern.

Es macht mich zornig, wenn ich eine Website für ein bestimmtes Produkt aufrufe und am nächsten Tag eine Werbemail von Amazon zu diesem Produkt bekomme.
Es macht mich zornig, wenn Marketingaktionen auf der Grundlage von Ausspionieren und Algorithmen behaupten "wer dies gekauft hat, hat auch das gekauft", was besonders sinnlos als Werbemaßnahme ist, wenn ich schon beides gekauft habe.
Wenn schon Hinweise, dann Hinweise auf Neues, das ich noch nicht kenne, also sowohl auf Waren als auch auf Firmen.
Wo bitte gibt es eine Verbindung zwischen meinem Besuch der Website und meiner Mailadresse? Das sind persönliche Daten, die hier offenbar unrechtmäßig verknüpft werden. Bestenfalls könnte über die IP ein Bezug zu dem Computer (auch unrechtmäßig) hergestellt werden, aber zu einer Person und zur Mailadresse?

Ich suche mit der deutschen Suchmaschine metager.de, ausdrücklich nicht mit Google, ein bestimmtes LED-Leuchtmittel, später am gleichen Tag suche ich bei Amazon nach einem Buch. Meine Startseite bietet mir Leuchtmittel aller Art an. Was soll das? Ich will ganz allein entscheiden, was ich wann wo suche.
Ein Bekannter ruft 14 Tage später an meinem PC facebook auf, wo er sich mit seinen Daten einloggt. Auf der rechten Seite erscheint eine Werbung von dem erwähnten Produkt.
Woher weiß facebook, dass auf diesem PC die Website dieses Produktes aufgerufen wurde? Und jetzt wird auch noch die falsche Person angesprochen!

Für mich wäre es nur dann eine werbende Information gewesen, wenn mir vergleichbare Produkte anderer Firmen angezeigt worden wären und nicht etwas, das ich schon kenne oder oft sogar schon gekauft haben. Das ist vollkommen sinnlos, an die falsche Person gerichtet.
Derartige Werbung sollte ohne ausdrückliche Zustimmung genau so illegal sein wie unerlaubte Werbeanrufe.
Da keine Identität zwischen Daten und Person besteht, sondern bestenfalls zum benutzten Objekt, ist eine Zuordnung der Daten zu Personen falsch und lästig.
Dies ist auch eine Form der Zensur, sozusagen eine mit umgekehrtem Vorzeichen, nicht durch Verstecken von Daten und Informationen, sondern durch ihre falsche Zuordnung. Da die betroffene Person im Allgemeinen keine Kenntnis über die ihr zugeordneten Daten erhält, ihr diese Daten also vorenthalten werden, ist es gegenüber der betroffenen Person eine Zensur.

Es ist Unsinn, Werbung auf das Profil des Nutzers zuzuschneiden. Vielleicht ist es gar nicht sein Profil oder er will auch mal Neues entdecken, sich selbst eine Meinung bilden.
Auch wenn bei meinen facebook-Aufrufen Werbung für meine eigenen Bücher gemacht wird, ist das im Grunde ein Armutszeugnis für die Werbewirtschaft und die verwendeten Algorithmen.

Es ist nicht tragbar, dass manche Applikationen eine allgemeine Standortfreigabe (GPS) verlangen, auch wenn das für die App nicht oder nicht immer erforderlich ist.
Ebenso ist auch der Vorschlag, die Fitness-Daten von Körpersensoren an die Krankenkassen zu melden in mehrfacher Hinsicht absurd:

- Es gibt kein vorbeugendes Verursacherprinzip bei solidarischen Versicherungen außer Eigenbeteiligungen und einer Stufenprämie nach Inanspruchnahme, nicht nach erwartetem Verhalten.
  Bestenfalls könnte wie bei der KFZ-Haftpflicht der Krankenkassen-Beitrag begrenzt geregelt werden, aber nach der Inanspruchnahme, nicht vorbeugend.

- Es ist nicht sicher, welcher Person die Daten der Geräte zuzuordnen sind (Betrug, falscher Verdacht).

- Die Sensoren und Messungen sind nicht zuverlässig, da ungenau und durch Laien erfasst.

An dieser Stelle zeigt sich auch, wie bedenklich es wäre, mit einem Smartphone erfasste körperliche Daten an die Krankenkassen weiter zu melden. Hier besteht bewusst oder unbewusst ein Betrug als würde man die Urinprobe einer anderen Person abgeben.
Es geht dabei also nicht nur um die Preisgabe sehr persönlicher Daten, die auf dem Weg zur Auswertung gefälscht werden oder falsch interpretiert werden könnten, sondern um die Nutzung falscher oder gefälschter Daten.

Ebenso sollte es keine KFZ-Versicherungen geben, die nach dem Fahrverhalten eingestuft werden. Einmal ganz abgesehen davon, dass es keine eindeutigen Zusammenhänge zwischen Fahrverhalten und Unfallrisiko gibt, wäre das keine Risikoversicherung mehr, sondern eine nach Verursacherprinzip. Auch hier gilt, dass die Personenzuordnung nicht eindeutig ist, sondern nur die zum Fahrzeug, Datenfälschung also sozusagen nahegelegt wird.

Dagegen trägt bei einer Risikoversicherung der Halter das Risiko und muss danach mit höheren Prämien rechnen.

Zum Thema Geräte-Person-Zuordnung muss grundsätzlich festgestellt werden, dass dieses Thema bisher in unserer IT-Welt vollkommen vernachlässigt wird bei den meisten Anwendungen. Es ist Gang und Gebe, dass Passwörter weitergegeben werden oder ein Passwortschutz ausgeschaltet wird, damit andere Personen das Gerät nutzen können. Zwar kann man bei den meisten Betriebssystemen mehrere Nutzer einrichten, aber viele Gerätebetreiber tun das nicht. Eigentlich sollte ja andererseits jeder einen eigenen PC (Personal Computer) benutzen, wie der Name schon sagt.

Auch Smartphones oder Tablets, die für viele den PC ersetzen, werden oft von mehreren Personen genutzt, obwohl die Einrichtung mehrerer Nutzer gar nicht möglich ist, es also dann auch kein persönliches Passwort gibt.

Für einen Verein oder eine andere Gruppe von Menschen sucht man bei den Providern, ob Telekom, Strato oder 1&1…, vergeblich nach Gruppenbriefkästen, auf die mehrere Personen mit jeweils eigenem Passwort zugreifen können.

Wie kann das sein? Ein Password gehört nur in den Kopf, wie können dann mehrere Personen dieselbe Mailbox lesen und bearbeiten?

Providern sollte vorgeschrieben werden, eine solche Möglichkeit zu schaffen.

Die Kenntnis des Arbeitsgeräts erlaubt keinen Rückschluss auf die Person, schon gar nicht, wenn kein Passwort und kein persönliches Passwort erzwungen wird.

Inhalts- und Ortsdaten eines Handys lassen keine Zuordnung zur Person zu. Aber es wird gemacht.

Ich bezeichne die falsche Verknüpfung von Daten und Personen als passive, indirekte Zensur, weil es falsche oder gefälschte Identitäten schafft, die nicht transparent und kontrollierbar für die betroffenen Personen sind.
Anonymität muss gewährleistet und zugestanden werden, schon wegen der Wahrung eines Pseudonyms. Alles andere wäre Nötigung. Es darf da keine Einschränkungen bei sozialen Medien geben.
Natürlich sind wegen der Werbung die Medien nur an natürlichen Personen und ihren Profilen interessiert. Das darf aber nicht dazu führen, dass nur natürliche Personen zu den Medien zugelassen werden. Jeder muss das Recht haben, sich zu verstecken, schon zum eigenen Schutz. Deshalb ist eine Beschränkung auf natürliche Personen eine Zensur, weil etwas aus der realen Welt ausgeblendet wird.

Sehr aktuell ist auch die Diskussion über das Löschen von facebook-Posts. Es scheint den meisten nicht klar, dass das eigentlich die Forderung einer Zensur ist.
Der Poster sollte seine Posts eventuell schon löschen können, aber niemand sonst, auch nicht facebook, sollte Einträge löschen dürfen.
Ganz abgesehen davon erhebt sich die Frage:
wie löscht man bei facebook Einträge, man kann doch die Beiträge gar nicht mehr finden, oder?
Mir ist es jedenfalls noch nie gelungen, etwas wieder zu finden, das ich noch einmal genauer nachlesen oder kommentieren wollte. Offenbar ist das Konzept, entweder sofort lesen und kommentieren oder gar nicht. Über Texte nachzudenken, ist nicht gewollt, nicht möglich. Schon nach einer halben Stunde finde ich den Beitrag nicht mehr. Die Beiträge sind nicht chronologisch aufgeführt, sondern nach irgendeinem, mir nicht ersichtlichen Algorithmus. Kürzlich meinte jemand auf meine entsprechende Frage,

es werde chronologisch nach den Antworten, Kommentaren sortiert. Das ist aber wenig hilfreich, wenn ich dann den Ersteintrag dazu nicht mehr finde. Ich würde mir wünschen, ich könnte chronologisch nach den Ersteinträgen sortieren, die dann mit allen Kommentaren angezeigt würden, oder es gäbe eine interne Volltextsuche und nicht nur eine Suche nach #hashtags. Auch dazu hätte ich gern eine Liste aller vorhandenen #hashtags, um sie auch verwenden oder gezielt danach suchen zu können. Ansonsten ist das die Suche im Heuhaufen.

Eine solche intransparente Struktur ist eine Zensur. Ich kann einen Text nicht suchen und finden, obwohl ich weiß, dass es ihn gibt.

Ich finde zwar meine eigenen Kommentare in meinem Aktivitäten-Protokoll, aber nicht die gesamte Diskussion oder nachfolgende Kommentare.

Ein Problem sind auch die mir nicht zugänglichen zusätzlichen Infos, mit denen der Nutzer die Darstellung und den Zugriff steuern könnte.

Wenn ich überlege, ob ich einen Freund akzeptieren will, dann kann ich zwar seine Chronik anschauen, aber nicht sein Aktivitäten Protokoll, ich sehe also nicht die Kommentare, die er abgegeben hat.

Die Bewertung der "Kreditwürdigkeit" durch einen Algorithmus ist allein schon deshalb wertlos, von den grundsätzlichen Fragen einmal abgesehen.

Google hat bei Suchanfragen 90% Marktanteil in Deutschland, aber nur 60% in den USA !

Offenbar ist den Europäern das Ausspionieren egal. Nehmen wir das tatsächlich weniger wichtig als die Amerikaner?

Google-Töchter und gut zahlende Firmen werden vorrangig bei Suchanfragen aufgeführt. Autoren und Bücher, die bei Amazon verlegt werden, erscheinen an vorderster Stelle bei der Suche.

Mit immer neuen Techniken der Messung, Übertragung, Speicherung und Verknüpfung wird der Körper zur Datenquelle: wann, wo, was, wie mit wem?
Es werden unbefugte Schlüsse gezogen über mein Verhalten, mein Befinden, es werden Risiken kalkuliert, letztlich Annahmen und Aussagen über mein "Denken" gemacht.
Wenn die sozialen Medien wie facebook die Daten der Benutzer nicht oder nur eingeschränkt verwenden dürften, dann entfiele die Grundlage für Werbeeinnahmen. Dann wären solche Firmen bald pleite.
Mit ihren Algorithmen lösen sie Zusagen an die Werbeauftraggeber ein.
Wenn sie aber nur mit den frei verfügbaren Daten ihrer Nutzer überleben können, ist das der Beweis, dass sie auf Kosten der Nutzer Gewinne machen und nur dadurch existieren. Daran sollten wir kein Interesse haben. Das ist kein Mehrwert für die Gesellschaft, sondern Ausbeutung.
Meine Daten gehören mir, an der Nutzung will ich willentlich und materiell beteiligt sein.

Natürlich ist die Einhaltung von Rechtmäßigkeit oft eine Gratwanderung zwischen rechtlich korrekt und wirtschaftlichem Schaden. Natürlich argumentieren die Firmen, dass die Nutzer einen Nutzen haben.
Wahrscheinlich glauben die Nutzer das auch, sonst würden sie die Anwendung nicht benutzen. Aber sie sollten gefragt werden, wie sie dafür bezahlen, ob mit Geld oder mit ihren Daten. Das darf niemand anders für sie entscheiden. Und ich erwarte von einem Rechtsstaat, dass er sol-

che Konflikte nicht einfach duldet, sondern ernsthaft beseitigt.

Es sind in einer sozialen Marktwirtschaft win-win Situationen mit ausreichender Mitbestimmung der Beteiligten anzustreben. Bei den Sozialen Medien bezahlt aber der Nutzer ungefragt den Nutzen der Werbeauftraggeber. Das ist weder win-win noch Mitbestimmung.

Wenn sich eine mögliche win-win Situation nicht rechnet, dann muss das Angebot eben vom Markt verschwinden.

Eine Bezahlung von Dienstleistungen sollte immer neutral mit Geld erfolgen, nicht durch Naturalien in Form von Daten, die abhängig machen.

Zu einer solchen Gratwanderung fällt mir immer folgendes Beispiel zwischen wirtschaftlichem Schaden und Rechtmäßigkeit ein. Auf einer Tanzparty einer Tanzschule erschien ein Frauenpaar und wurde vom Tanzlehrer zurückgewiesen mit der Begründung, er könne seinen Gästen keine gleichgeschlechtlichen Paare zumuten, dann würden diese überwiegend älteren, konservativen Gäste wegbleiben. Da hat er wahrscheinlich recht. Auch die Definition der Tanzparty als interne Veranstaltung würde wegen vieler fremder Gäste zu einem wirtschaftlichen Schaden führen. Das Gegenteil einer win-win Situation, denn die gleichgeschlechtlichen Paare hätten nichts gewonnen, wenn eine tolerante Tanzschule dicht machen muss. Also Diskriminierung aus geschäftlichen Gründen. Verständlich, aber trotzdem ist es nicht hinzunehmen, dass dann diskriminiert werden darf.

Mir fällt dazu auch keine wirkliche Lösung ein, weil unsere Gesellschaft noch nicht so weit ist, dass Toleranz vor Geschäft geht. Nur wenn alle öffentlichen Tanzveranstaltungen beliebige Paare akzeptieren (müssen) und diese auch in ausreichender Zahl teilnehmen, könnte der wirtschaftliche Schaden minimiert, eine win-win Situation eintreten.

Warum sehe ich das Verhalten sozialer Medien als schwerwiegender an als diese Diskriminierung in der Tanzschule?
In der Tanzschule handelt es sich um einen gesellschaftlichen Generationenkonflikt, die Umsetzung dauert, da kann man nicht einzelne Personen oder Firmen rigoros in die Pflicht nehmen.
Bei dem Verhalten der sozialen Medien handelt es sich nicht um ein Generationenproblem. Dort muss und kann hier und jetzt die Einhaltung des Rechts erwartet, verlangt und umgesetzt werden.

Jeder muss Eigentümer der von ihm oder über ihn erzeugten Daten sein und bleiben. Die Preisgabe von persönlichen Daten darf keinen wirtschaftlichen Vorteil haben, weder für den Besitzer(Provider) und Auftraggeber (Werbung), noch für den Eigentümer (günstigere Versicherungen).

Ich halte auch die Hinnahme einer Vorratsdatenspeicherung für einen Generalverdacht, eine Selbstbelastung, die in unserem Rechtsstaat eigentlich untersagt ist.
Und egal, durch wen Personendaten erfasst, gespeichert, ausgewertet oder weitergegeben werden, immer sollte der Dateneigentümer (also die Person) im Einzelfall zustimmen und regelmäßig über sein Datenkonto informiert werden.

Transparenz und Freiheit

In der Demokratie ist der Bürger der Souverän. Er muss alle Informationen über politische und gesellschaftliche Vorgänge haben (können). Er trifft mit seiner Sicht die politischen Entscheidungen, das gilt ganz besonders auch in einer repräsentativen Demokratie. Der Bürger als Souverän verzichtet nicht auf seine Meinung und seinen Einfluss oder tritt das ab, sondern er lässt sich zeitweise durch Personen seines Vertrauens vertreten, von denen er Rechenschaft verlangt.

Die staatlichen Stellen dürfen keine zusätzlichen Informationen haben, über die der Bürger nicht verfügen kann.
Daher darf es keine Bevormundung beim Suchen oder Auswerten von Daten geben. Alles muss einstell- und abschaltbar sein!
Löschen muss überprüfbar sein für den Nutzer, auch darum ist das umfassende, ungefilterte Suchen so wichtig.
Die Meinungsfreiheit darf nicht beschränkt werden durch Ranking oder erschwertes Auffinden.

Es darf keine Beeinflussung durch unterdrückte oder erfundene Informationen geben. Es darf keine Einschränkungen auf Grund des vermuteten Aufenthaltsortes oder der vermuteten Person geben.
Darum muss jeder jede Information finden können.
Ich erinnere mich immer wieder daran, als ich vor ein paar Jahren in der Zeitung etwas über die Einführung des Gewinnspiels EURO-Jack las.
Ich wollte mich ausführlicher informieren und rief die Seite Lotto.de auf und kam auf eine Seite mit der trockenen Mitteilung: „EURO-Jack wird in Baden Württemberg nicht angeboten".

Wie bitte? Das war nicht meine Frage, ich wollte mich informieren. Und woher wusste bitte schön Lotto.de, dass mein PC in BW steht oder ich ein Baden-Württemberger bin? Das muss doch auch egal sein.
Die können doch nicht meinen Informationswunsch abwehren auf Grund von Annahmen über mich, oder?
Es muss doch meine Entscheidung sein, welche Informationen und Daten ich abrufe und auswerte.
Darüber hinaus war das vielleicht als Komfort für den Fragesteller gut gemeint, aber schlecht gemacht, deshalb völlig sinnlos, weil ich dann nicht lotto.de, sondern einfach lotto-hh.de aufrief. Dort erfuhr ich alles, denn in Hamburg stand EURO-Jack zur Verfügung. Und offensichtlich war die Filterung nach dem Ort nicht konsequent umgesetzt, weil wohl der Algorithmus fälschlich annimmt, dass nur Hamburger lotto-hh aufrufen.
Ich habe mich damals an den Bundesdatenschutzbeauftragten gewandt, weil ich das nicht akzeptieren wollte. Aber der hat mir in einem freundlichen Brief nur mitgeteilt, dass das Erkunden des Standorts nicht illegal sei und als Kundenfreundlichkeit üblich. Toll. Das ist aus meiner Sicht ein sehr lascher Umgang mit persönlichen Daten.
Dieses Geo-Blocking ist eine so massive Zensur, dass es unbedingt unterbunden werden sollte und nur verwendet wird, wenn der Nutzer es im Einzelfall ausdrücklich wünscht. Warum darf ich im Urlaub sehen, was ich daheim nicht sehen darf oder umgekehrt.

Indirekte Zensur durch Aufforderungen zur Verhaltensänderung "dann lass das doch" müssen gebrandmarkt werden. Nicht die Menschen müssen sich an Anwendungen anpassen, sondern die Anwendungen müssen sich an die Gesetze halten und an den Menschen anpassen.

Wir sollten uns bewusst machen, dass nicht nur Applikationen, sondern in besonderem Maße auch Betriebssysteme von Geräten nicht nur technische Helferlein sind, sondern ganz entscheidenden Einfluss auf unsere Freiheit haben können.
Eine fast ohnmächtige weltweite Abhängigkeit von MS-Windows und Google-Android ist sehr bedenklich.

Es gab und gibt Betriebssysteme, die den Bürgern wesentlich mehr Datensicherheit bieten könnten, die aber genau deshalb von den Geheimdiensten nicht gewollt sind. Solche sicheren Betriebssysteme sind bei Banken und Börsen nach wie vor selbstverständlich.

Der Bürger als Souverän muss immer wieder seinen Regierungen klar machen, dass Politik die Kunst des Möglichen, nicht des Vermeidens ist. Es ist niemals angebracht zu resignieren.
Demokratie erfordert Transparenz, offene Diskussionen. Es kann nicht sein, dass Politik, ob Regierung, Parlament oder Parteien, Themen vermeidet oder nicht zulässt, weil die Diskussion angeblich zu nichts führt oder anderen nicht gefallen könnte. Das ist zunächst zweitrangig. Offene Diskussionen müssen in einer Demokratie alle aushalten. Jedes Thema, jeder Lösungsvorschlag müssen in der politischen Diskussion zulässig sein. Jeder politisch Aktive muss seine Meinung dazu sagen können, nur dann sind die Wähler aufgeklärt informiert.
Vermeidung von Themen und Lösungen (Flüchtlinge, Ausbeutung, Veto, alternativlos, Nato) ist im Grunde eine Zensur der öffentlichen Diskussion.
youtube und andere sperren Seiten regional wegen eines Rechtsstreits. Das geht aber nicht, denn das ist Zensur. Ein Rechtsstreit über Urheberrechte und Tantiemen muss un-

abhängig davon geführt werden. Was irgendwer auf der Welt sehen darf, das dürfen alle sehen.

Transparenz und ein Zivilprozess über Eigentum sollten getrennt behandelt werden. Zivilrechtlich geht es nur um Geld, bei der Transparenz von Zugriffen geht es aber um die Information der Menschen, des Souveräns. Das muss immer vorrangig sein.

Politiker werden nach der Wahl häufig zahm. Lauthals angekündigte Vorhaben verschwinden still und heimlich in einer Schublade. Nun bin ich absolut kein Anhänger von Verschwörungstheorien, aber Wachsamkeit kann auf keinen Fall schaden.

Es muss ständig wachsam darum gekämpft werden, dass die Lobby der Finanz- und Handelssysteme nicht Regierungen "kauft", und eine ehrliche, rationale Politik für alle erschwert wird.

Durch Lobbyarbeit, nicht nur der Industrie, sondern auch durch Institutionen, Ämter, andere Regierungen, Geheimdienste, Militär findet in verschiedenen Ländern unterschiedlich ständig Druck, Drohung, Erpressung bis zur Lebensgefahr statt.

Wenn aus Rechtsgründen eine Sperrung/Löschung eines Medienobjektes beantragt wird, dann muss das weltweit erfolgen/gelten und darf erst nach einer Einigung aufgehoben werden.

Wenn in nur einem Land der Welt, wenn nur ein Server es offen legt, dann müssen alle zugreifen dürfen, ein Sperren nach vermuteter Ortsansässigkeit ist unzulässig, wegen zu beanspruchender Transparenz und weil der Nutzer ja in diesem Land Staatsbürger sein könnte.

Es muss ein Recht auf Anonymität geben, dadurch den Schutz vor Medienausbeutung und Angriffen. Dadurch wird natürlich eine strafrechtliche Verfolgung eingeschränkt, das muss diese Gesellschaft aushalten. Es darf keinen Generalverdacht geben, im Zweifel für den Verdächtigten, für Offenheit und Vertrauen.

Extreme Rechte oder Linke, religiöse Fanatiker könnten eine Gefahr für Leib und Leben meiner Familie und mir sein. Aber ich will mir nicht vorschreiben lassen, was ich besser nicht sage und besser nicht schreibe, oder was ich denke.
Deshalb muss sich jeder anonym im Netz aufhalten dürfen. Auch ich veröffentliche meine Gedanken unter Pseudonym aus Vorsicht. Aber gleichzeitig ist das eigentlich Selbstzensur durch Fanatiker, eine Behinderung der Meinungsfreiheit, weil es mir die Möglichkeit nimmt, mit meinen Gedanken öffentlich persönlich aufzutreten. Gewalt und Gewaltdrohung machen mundtot.
Besonders perfide ist dann allerdings der Vorwurf, dass anonymes Veröffentlichen nicht durch die Meinungsfreiheit gedeckt sei. Dafür müsse man angeblich persönlich zu seinem Wort stehen. Das wäre dann eine totale Zensur meiner Meinung.

Meinungen und Meldungen in den sozialen Netzen können sehr einseitig, unbewiesen oder falsch sein. Diese fehlende Transparenz führt zu Gruppenbildungen, bei denen sich dann die vorgefassten Meinungen und Ansichten häufen, widersprechende Aussagen nicht wahrgenommen werden.

Die aktuell in 2015 massiv auf unser aller Leben sich auswirkenden Abgas-Manipulationen haben in erster Linie

einmal mehr gezeigt, was Software-Manipulationen anrichten können. Das gilt eben auch für manipulierte Informationen.
Leider haben positive Aussagen nur wenig Chancen, wahrgenommen zu werden, das gilt auch für Nachrichten und Verbraucherinformationen.

Durch Nachrichten- und Meinungsmonopole kommt es zur Behauptung von Verschwörungen oder sie sind Verschwörungen. Weil es mir schwer gemacht wird durch die mit den Monopolen verbundenen Nachrichteneinschränkungen, mir eine eigene, unabhängige Meinung zu bilden, üben die Monopole eine Zensur aus.

Alle Medien sollten zu relativierenden Kommentaren, Referenzen verpflichtet werden, wenn eine Information strittig ist und nicht beweisbar.

In den sozialen Medien wird durch Intransparenz, Gruppenbildung und Monopole die Meinungsfreiheit eingeschränkt und es werden die Teilnehmer manipuliert. Eine Überbetonung von Themen oder falsche Wahlprognosen können das Wahlverhalten manipulieren, gefährden die Demokratie.

Die Zunahme von Netzsperren, nicht nur in autoritär regierten Ländern, sondern auch bei uns, im freien und aufgeklärten Westen, kann nicht hingenommen werden.
Ob vorgeblich wegen Jugendschutz, Glücksspielen, Gewaltspielen, Pornografie, Pädophilie, Drogen oder extremer politischer Positionen, immer drängender und immer häufiger erfolgt der Ruf nach Sperren von Seiten oder Löschen von Inhalten.
Kollateralschäden wie das Sperren oder Löschen falscher Seiten werden hingenommen oder Einschränkungen durch

anonymes Surfen umgangen, wobei die schnelle technische Entwicklung unbeachtet gelassen wird.

Soziale Medien setzen teilweise Heerscharen von prekären Mitarbeitern ein, die "Unerwünschtes" zu löschen versuchen. Jeder dieser Mitarbeiter löscht aber nach eigenem subjektiven Empfinden, nicht eindeutig nach irgendeiner Vorgabe, das geht ja auch gar nicht. Diese Abhängigkeit der Inhalte von persönlichen Überzeugungen ist Zensur, auch wenn sie in den einzelnen Schritten nicht von "oben" angeordnet ist.

Inhalte automatisch zu löschen ist hochproblematisch oder unmöglich, denn ein entsprechender Algorithmus kann nicht vorbeugend mit allen Eventualitäten versorgt werden. Hass oder Beleidigungen sind nur schwer automatisch zu erkennen. Nackte Tatsachen sind leichter zu erkennen und zu löschen. Damit wird Nacktheit massiver verfolgt als Hass. Das schadet der zivilen Gesellschaft. Auch beim Jugendschutz ist die Frage berechtigt, was Heranwachsende eher negativ beeinflusst, ein nackter Po oder rechtsextreme Gewaltaufrufe.

Löschen ist nicht wünschenswert, der falsche Weg. Es ist allein eine gesellschaftliche Aufgabe die Auswirkungen auf die Gesellschaft zu vermindern oder zu verhindern. Es ist eine Frage der gesellschaftlichen Übereinstimmung, was ist üblich, was tut man nicht, eine Aufgabe der Erziehung, wie man damit umgeht. Jeder sollte sehen dürfen, was immer jemand anders veröffentlicht, aber jeder sollte gelernt haben, damit entsprechend gesellschaftlicher Übereinstimmung umzugehen.
Es macht keinen Sinn, den Verkauf von Messern zu verbieten, weil man damit jemanden umbringen könnte. Es

muss dazu erzogen werden, dass man andere nicht umbringt, auch nicht wenn man die Möglichkeit in Form eines Messers hat.

Es ist, als wollten wir zum Schutz vor Gewalt jetzt das Steinzeitbeil verbieten und das mittelalterliche Schwert, obwohl es schon Laserwaffen gibt. Man wird hoffnungslos hinterherhinken und sich mit Verboten für Techniken von gestern befassen. Die Entwicklung lässt sich nicht einfangen durch Einschränkungen und Verbote. Das würde auch die Grundwerte unserer Gesellschaft verraten, weil damit zensiert und diskriminiert wird.
Wortführer oder unaufgeklärte Mehrheiten würden entscheiden ohne Rücksicht auf Schwache, Minderheiten und unsere Grundwerte.
Und mal wieder treffen alle Einschränkungen die Reichen und Mächtigen nicht, die bekommen alles, was sie wollen. In einer Demokratie darf es aber solche Bevorzugungen nicht geben.
Wir müssen lernen, mit all dem umzugehen, wir können es nicht verhindern oder unterdrücken und sollten das auch nicht wollen, denn die Kollateralschäden sind zu groß.

Vergessen wird dabei auch die Ursprungsidee des Internets, in der seine Struktur begründet ist, nämlich Ausfallsicherheit und Unkontrollierbarkeit durch ein chaotisches Netz ohne höchste Instanz oder Überwachung. Niemand soll wissen, was wo wann von wem bereit gestellt wird und wer mit wem wie vernetzt ist. Dadurch sollte das Netz unangreifbar sein, immer noch funktionieren, wenn Teile ausfallen oder abgeschaltet werden. Diese gute, obwohl militärisch begründete Eigenschaft des Netzes lässt sich nicht nachträglich rückgängig machen. Es gibt keine In-

stanz, die irgendwelche Zusagen über das Netz machen kann, nicht einmal Google kann das. Und das ist gut so.
Und empfinden nicht viele von uns klammheimliche Freude, wenn es den Mächtigen in China, Korea, Ägypten, der Türkei oder wo auch immer nicht gelingt, eine Zensur im Netz erfolgreich auszuüben?

Jede Einschränkung ist Zensur und sollte nicht akzeptiert werden.
Es sollte niemals die Veröffentlichung von Daten als Beihilfe zur Kriminalität bewertet werden.
Nicht der Überbringer der Nachricht ist der Täter, sondern die Verursacher oder Nutzer der Daten verhalten sich möglicherweise kriminell. Diese Bewertung kann in jedem Land anders sein. Die Daten im Internet sind aber immer global und müssen damit immer für jeden in einer Demokratie zugänglich sein.
Eine Abschaltung einzelner Seiten durch einzelne Staaten oder Organisationen kann und darf nicht gelingen.
Daten sollten daher global ungehindert offen sein, Missbrauch der Daten kann lokal verfolgt werden.
Das Anschauen von Daten sollte auf keinen Fall kriminalisiert und daher auch nicht überwacht werden. Denn über das Anschauen an sich kann nicht entschieden werden, ob es zur Information des Souveräns, dem Bürger erfolgte oder ein Missbrauch folgt.
Nur die Weiterverwendung oder Auswertung kann kriminell sein, kann aber eben nicht durch den Zugriff an sich bewiesen werden.
Alles andere würde der Meinungs- und Informationsfreiheit widersprechen.

Hier ergibt sich eine ganz neue, zunehmend wichtigere Aufgabe für Journalisten und Medien.

Sie sollten möglichst umfassend recherchieren und für Transparenz bei Datenerfassung, Datenauswertung und Algorithmen sorgen. Sie sollten die Gefahren von Algorithmen und die geheimen Auswertungsmethoden öffentlich darstellen und anprangern.

Dadurch würden Firmen, die Missbrauch damit treiben oder billigend in Kauf nehmen, wirtschaftlichen Schaden erleiden.

Die unbelehrbaren Wirtschaftsmächte könnten so mit ihrer eigenen Waffe, dem Geldverlust geschlagen werden.

Eine Zensur durch Intransparenz von Daten und Auswertungen stellt einen Vorteil für die Wirtschaftsmächte dar. Sie sehen die Freiheit des Netzes, den ungefilterten freien Zugriff eher als Bedrohung an und versuchen, das zu verhindern.

Das sollten wir uns nicht gefallen lassen. Freier Zugriff auf alles im Internet sollte für jeden sichergestellt sein.

Bei Zensur denken die meisten sofort an Länder wie China oder Iran, Arabien, überhaupt Asien und Afrika. Es geschieht aber nicht nur in fernen, fremden Ländern, sondern auch in Russland oder der Türkei, Polen, Ungarn. Auch die USA mit überwiegend aus Europa stammender Bevölkerung haben viele Verbote und Gebote, die eine wirklich freie Meinungsäußerung oder unabhängiges Verhalten beschränken. Andere Menschen zu erschießen ist dort eher geduldet als offen seine Meinung zu sagen. Man wird vielleicht gerade deswegen in Selbstjustiz erschossen, das Gewaltmonopol des Staates wird zweitrangig behandelt, von der totalen Überwachung einmal abgesehen. Aber auch die richtet sich dort eher gegen Meinungen als gegen Waffen.

Derzeit und in Zukunft gibt es in der digitalen Welt aber zunehmend mehr Überwachungen und Bewertungen der

Menschen. Zensur wird dabei immer mehr von einem er-
duldeten Ereignis der Informationszurückhaltung zu einem
sich aktiv auf die Menschen auswirkendem Ereignis der
Bewertung und Verhaltensbeeinflussung.

Verhalten

Weil nicht transparent ist, welche Daten bei der Personalisierung und der entsprechenden Filterung verwendet werden, wie die Zuordnung Gerät-Person-Ort erfolgt, könnte das Verhaltensänderungen bewirken oder erzwingen, um die vermute Arbeitsweise der Filter zu beeinflussen. Forderungen nach Verhaltensänderungen und Anpassung bei der Mediennutzung, um Sicherheit und Unversehrtheit zu erhöhen, keiner mehr er selbst sein darf oder kann, ist der falsche Weg gegen Abhören, denn das ist Zensur.

Fühlen sich Menschen einem Tabu verpflichtet oder einem selbstverpflichtendem "das-tut-man-nicht", dann müssen diese Menschen vermeiden, damit in Berührung zu kommen. Aber doch bitte nicht dadurch, dass es allen anderen auch verboten wird.

Ein selbst auferlegtes Verbot muss man auch selbst erfüllen und nicht die Erfüllung durch andere verlangen oder erzwingen.
Sonst wird anderen Menschen ihre Freiheit genommen, damit man sich selbst die Freiheit einer persönlichen Einschränkung innerhalb der Allgemeinheit ermöglichen kann. Das geht zu weit, das ist auch Zensur.
Jeder darf bis zu einer gewissen Grenze tolerierende Akzeptanz seines Verhaltens von der Allgemeinheit erwarten dürfen, darf aber die Allgemeinheit nicht zwingen, sich genauso verhalten zu müssen.

Fast jeder kennt es auch aus einer Partnerschaft, dass man sein Verhalten anpasst, um Streitereien zu vermeiden. Dann beginnt eigentlich ein unnötiges Verheimlichen von unbedeutenden Kleinigkeiten und letztlich führt gerade das dann wirklich zu einer Beziehungskatastrophe.

Aber der Mensch neigt zu einem solchen Verhalten.

Und deshalb funktioniert Zensur aktiv und passiv.

Dagegen müssen wir uns unbedingt wehren. Wir müssen unser Verhalten gegenüber solchen Einflussnahmen ändern, aber nicht um passive Zensur durch angepasstes Verhalten zu vermeiden. Der selbstbewusste Umgang mit Einflussmahnen ist wichtiger und aussichtsreicher als der zum Scheitern verurteilte Versuch, das Verhalten aller Meinungsmacher zu verändern.

Es darf nicht sein, dass gegen Journalisten wie in der Türkei oder selbst in den USA wegen Landesverrats ermittelt wird. Damit wird der Überbringer der Nachricht zum Täter gemacht.

Whistleblower wie Snowden sind sehr wichtig für die Aufklärung der Bürger, des Souveräns von Demokratien.

Ohne sie könnte Demokratie niemals funktionieren. Für eine solche Nachrichtenüberbringung muss es Straffreiheit geben. Dabei ist es zweitrangig, ob alle Aussagen stimmen.

Es ist schon verwunderlich, dass sogenannte Sicherheitsbehörden und -Dienste immer wieder umfassende Datenerfassung und Auswertung verlangen wie die Vorratsdatenspeicherung, obwohl bei vorhandenen und dafür zugelassenen Daten bisher offenbar wenig entsprechende Auswertungen erfolgten.

Das zeigt sich bei der NSU-Aufklärung, der Registrierung von Flüchtlingen, der Verfolgung Verdächtiger, der Information über Verbrechen, Verdächtige und Straffällige Europa weit.

Durch die Schieflage der Daten kommt es oft zu falschen Auswertungen und Verdächtigungen.

Falsche Verdächtigungen stellen eine passive Zensur dar, weil sie Verhaltensänderungen erzwingen können.

Beim Erzwingen von Selbstzensur durch Starfandrohung hat Europa, insbesondere die katholische Kirche, jahrhundertelange Erfahrungen: Kirchen gegen Ketzer (Galilei, Hexen), Geständniserpressung durch Folter.

Die sehr gebräuchliche Aussage "Recht haben ist einfach, Recht bekommen unmöglich" wird systematisch in unserem Rechtsstaat bestätigt, weil Urteile nur auf dem Papier stehen, aber nicht umgesetzt werden (müssen).

Religionsgemeinschaften versuchen auch oft, Zensur zu erzwingen, wie der Karikaturenstreit der letzten Jahre zeigt.

Verhinderung von Offenheit und Transparenz durch Unterdrücken oder Drohen tötet die Meinungsfreiheit, spaltet die Gesellschaft, zerstört die Demokratie.

Kürzlich las ich von der Gesinnungszensur an amerikanischen Universitäten. Man kann nur hoffen, dass so etwas nicht auch bei uns stattfindet, obwohl ich da bei dem Einfluss der Burschenschaften meine Zweifel habe.

Eine Debatten-Polizei stellte in der DDR auch die Stasi dar.

Es darf nicht sein, zur höheren Abhörsicherheit zu empfehlen, doch lieber Zeitungen, Zeitschriften oder Bücher auf Papier zu lesen, statt eBooks oder ePaper.

Nein es darf niemand rechtens in der Lage sein zu verfolgen, was andere in digitalen Medien lesen oder suchen.

Und wenn ich mir eine digitale Notiz mache, darf niemand mitlesen oder gar auswerten und bewerten nach seinen subjektiven Gesichtspunkten, was ich über den gelesenen Text denke. Nein danke.

Vielleicht gibt die Notiz auch gar nicht meine Meinung wieder, sondern es ist eine Szene für einen neuen Roman, skizziert die Aussage eines "advocatus diaboli", also eines Gegners meiner Meinung.

Verhalten erzwingen zu wollen durch Verbote, obwohl kein Dritter Schaden nimmt, ist Zensur.

Autos werden immer mehr zu rollenden IT-Systemen, die das Ergebnis liefern, das die Entwickler wollen, es muss der Wahrheit nicht nahe sein, es kann sogar völlig falsch sein (VW-Abgas-Skandal).
Versicherungen entwickeln spezielle Tarife für Fahr- und Verhaltensdaten des Fahrers, wer immer das sein mag, denn auch diese Zuordnung lässt sich nicht sicherstellen. Es ist ein Ende jeder Anonymität, eine totale Überwachung im Bereich Straßenverkehr und Bewegungsprofile.
Versicherungen planen schon, den jeweils "besten" Fahrer und seine Prämie namentlich als Ansporn zu veröffentlichen (DDR lässt grüßen: "Arbeiter des Jahres").

Der nächste Schritt wird die Überlappung der Profile von Fahrzeugen und Smartphones sein, um die Schlussfolgerungen "vollkommener" zu machen.
Auch die Daten über Fahrten und Stillstand werden auf ausländischen Servern gespeichert. Es wird immer unübersichtlicher, wer auf die Daten zugreift und gleichzeitig bleibt schon gar nicht dem Fahrer, auch nicht dem Halter der Zugriff möglich. Beide wissen also nicht, welche Daten über sie gespeichert und ausgewertet werden, schon gar nicht, wie sie mit anderen Daten kombiniert werden.
Es wäre auch nicht rechtens, wenn der Halter den Fahrer überwachen könnte. Das wollen wir doch nicht ermöglichen, oder? Und "big brother" wollen wir das erst recht nicht ermöglichen.

Autohersteller, die willfährig die Technik für die Versicherungen liefern, könnten ausdrücklich von den Versicherungen empfohlen werden, eine Spirale zur totalen Überwachung und zu immer weniger freier Entscheidung.
Es wird ja nicht nur das Fahrverhalten überwacht und gespeichert, sondern es werden mit GPS auch Bewegungsprofile erstellt. In vielen Fällen können diese Daten Aufschluss darüber geben, mindestens erahnen lassen, was der Fahrer gemacht, wo er sich aufgehalten hat, ob er beim Arzt oder im Rotlichtmilieu unterwegs war, vielleicht auch interessant für Krankenkassen, Versicherungen, Kriminelle oder die Polizei.

Aber alle Schlussfolgerungen aus den Daten können falsch sein und unabsehbare Folgen für unser Leben haben.

Eine totale Überwachung des Fahrers wird positiv begründet mit Warnung vorm Einschlafen, Feststellung eines unberechtigten Fahrers (Autodiebstahl).
Aber wenn wir alle diese Dinge auf ein System übertragen, dann geben wir unsere Eigenverantwortung immer mehr ab. Das ist in meinen Augen auch eine Verhaltens- und Informationszensur.

Auch bei diesen Anwendungen sind Entwicklungs-Kooperationen mit amerikanischen Firmen sehr bedenklich. Unsere Rechtsauffassungen und unsere Rechtsordnung sind anders, wir brauchen deshalb rein europäische Lösungen.

Es wird immer mehr zur Selbstverständlichkeit, Personen nach ihrem Erscheinungsbild, ihren Daten im Internet zu beurteilen.

Das gilt nicht nur für private Beziehungen, sondern zunehmend auch vor Bewerbungsgesprächen.
Umso wichtiger ist es, dass jeder die Kontrolle über seine Daten hat.
Aber selbst wenn das sichergestellt ist, kann der falsche Personenbezug zu Fehleinschätzungen führen, denn die Daten können Kommentare von anderen über mich sein.
Und es gibt mit Sicherheit jeden Namen mehrfach im Internet. Man kann sich also nie sicher sein, ob die Einträge über eine Person zu der Person gehören, die ich meine. Ein facebook-Account kann einen ganz anderen als den Personennamen verwenden, allein deshalb, weil es den Account schon von einem anderen gibt oder er nicht alles öffentlich von sich preisgeben will.
Personaler sollten das bei ihren Recherchen berücksichtigen. Am besten wäre, jeder ist für Personaler unsichtbar, aber nicht durch Verstecken (passive Zensur), sondern dadurch, dass Personaler die zweifelhaften Daten des Netzes nicht verwenden, sondern auf Vertrauen setzen.

Immer häufiger werden Briefe automatisch gescannt oder liegen elektronisch vor und werden dann automatisch bezüglich der Person und des Inhalts ausgewertet. Es gibt schon beliebig viele Beispiele, bei denen der Algorithmus den Absender mit dem Empfänger vertauscht hat. Je nach Inhalt des Schreibens kann das verheerende Auswirkungen haben, sei es ein Bußgeldbescheid oder viel gravierender, ein Schufa-Eintrag, den man nie wieder los wird.

Bewegungsfreiheit

Der Mensch gehört zur Natur und sollte mindestens so geschützt werden wie andere Arten. Und schon immer war es Teil der Natur, sich dort aufzuhalten oder hinzugelangen, wo die Lebensbedingungen geeignet waren für die eigene Spezies. Das galt und gilt auch für den Menschen als Teil der Natur. Deshalb gab es schon immer Völkerwanderungen.
Wer den Störchen ihre Flugrouten lässt, Tiere und Pflanzen schützt, der sollte auch den Menschen schützen, sich für seine Bewegungsfreiheit weltweit einsetzen und alles tun gegen den Klimawandel.
Ohne den Klimawandel gibt es auch weniger Flüchtlinge auf der Welt und mit Bewegungsfreiheit werden Ausbeutungen und Diktaturen ausgetrocknet, erfolgt Demokratie durch Abstimmung mit den Füßen. Das müssen wir wollen und zulassen, weltweit.
Vereinbarungen mit Diktaturen, um Flüchtlinge zu behindern oder einzusperren, ist unmenschlich und akzeptiert die Menschenverachtung dieser Staaten einschließlich der Verletzungen der Menschenwürde, der Menschenrechte und massiver medialer Zensur.
Menschenrechte sind nur durchsetzbar, wenn sie weltweit gelten. Das hat jedes UNO-Mitglied unterschrieben. Wenn das nicht der Fall ist, wird es Fluchtbewegungen dorthin geben, wo die Menschenrechte gelten.

In naher Zukunft kommt noch eine ganz andere, schleichend sich ausbreitende Einschränkung der Bewegungsfreiheit auf uns zu, die virtuelle Realität.
Zunächst werden Messen und Museen um virtuelle Darstellungen ergänzt, bis man diese Veranstaltungen aus-

schließlich virtuell besuchen kann. Sehr bequem, kein Gedränge, keine zeitliche Einschränkung.

Ebenso wird im Auto oder zu Fuß in den Städten oder der Landschaft durch Navigationsgeräte unsere Sicht ergänzt durch virtuelle Einblendungen. Wir sehen, was wir sehen sollen, nicht mehr was wir wollen.

Die virtuelle Realität kann beliebig gefälscht werden oder es wird der reale Zugang zu Dingen unmöglich und damit die eigene Erfahrung, die individuelle Kontrolle der Umwelt massiv eingeschränkt.

Mit der 3D-Smart-Brille kann die wirkliche Welt in die virtuelle eingeblendet werden oder umgekehrt.

Dadurch wird die Unterscheidung zwischen Wirklichkeit und Vision immer schwieriger.

Damit erhöhen sich auch die Möglichkeiten der Manipulation unserer Wahrnehmung.

Ebenso erweitert auch die Umkehrung, das Einblenden in die Windschutzscheibe bei vermuteten Gefahren wie Tiere, andere Fahrzeuge bereits vor der realen Sichtbarkeit unsere Wahrnehmung oder schränkt sie ein.

Es gibt immer häufiger Unfallsituationen, weil jemand statt auf die Straße auf das Smartphone geschaut hat. Also wird man die rote Ampel oder andere Hinweise wie Straßenschilder ins Display einblenden. Blinde könnten sich die Information hörbar machen. Reale und virtuelle Welt verschmelzen.

Der nächste technische Schritt der Verschmelzung wird das Hologramm direkt vor unseren Augen sein.

Im Grunde kaum vorstellbar, was da alles möglich sein wird. Aber auch hier entscheiden benutzte Daten und die Algorithmen, was gezeigt und wie bewertet wird. Dies ist eine Zensur unserer gesamten Umgebung und Wahrnehmung, wird uns aber als erwünschte Erweiterung unserer Wahrnehmung gepriesen und von vielen so erlebt.

Alle Möglichkeiten und Gefahren und Anforderungen und Rechte müssen erzogen und geschult werden, um den Missbrauch möglichst stark einzuschränken. Dies stellt hohe Anforderungen an die Eltern, die oft bei der neuen Technik dem Wissen ihrer Kinder hinterherhinken, und stellt hohe Anforderungen an die schulische Erziehung. Dieses Thema muss dort einen Schwerpunkt einnehmen. Es ist wichtiger als passives Wissen, das sich die Menschen nicht mehr veraltet aus der Schule mitnehmen sollten, sondern sich aktuell ihr Leben lang aus dem Internet und anderen Medien holen sollten. Dazu müssen sie nicht nur lernen, zu lernen, sondern noch viel mehr, wie sie vermeiden können, manipuliert oder betrogen zu werden. Hier sollten die Lehrpläne möglichst bald, möglichst umfangreich angepasst werden.

Verbote, Gebote, Rechte

Zensur ist ein Verbot, umgekehrt sind aber Verbote und Gebote auch Zensur.

Wie alle Verbote führt auch das Einreiseverbot zur Förderung der organisierten Kriminalität, denn die Schlepperbanden sind nichts anderes. Hier werden unglaublich viele Menschen kriminalisiert und werden sich nach Lösung der Flüchtlingsfrage dann anderen Verbrechen zuwenden. Die geförderte Kriminalität wird man nie wieder los, sie ist ein Selbstläufer ohne Rücksicht auf das Thema, schafft sich neue Felder, die dann zu neuen Verboten führen, in der gut gemeinten Annahme, damit die Kriminalität auszutrocknen.

Dafür gibt es aber nur einen Weg. Wir müssen mit aller Macht die Zahl der Verbote minimieren, versuchen, möglichst ohne auszukommen, insbesondere alle vermeiden, die angeblich als Selbstschutz gemeint sind. Sie sind nämlich unnötig, weil keine Dritten gefährdet sind.

Wir sollten Verbote immer in Frage stellen, uns immer klar sein, dass Verbote bestenfalls eine Zielbeschreibung, aber kein Weg oder Mittel zum Erreichen des Ziels sind.

Wir sollten immer Aufwand und Nutzen betrachten und uns immer klar machen, dass Aufklärung über eine Sache immer sinnvoller ist als ein Verbot.

Aufklärung stärkt Freiheit, Toleranz und Selbstbestimmung, vermindert Kriminalität.

Verbote stärken Kriminalität, unterdrücken die freie Meinungsäußerung, das selbstbewusste Verhalten, die Toleranz und Akzeptanz anderen Verhaltens und damit die Freiheit.

Ein Geheimnis zu bewahren, das Recht zu schweigen und sich nicht selbst zu belasten oder Angriffen und Einschränkungen auszusetzen, gehört zum Persönlichkeitsrecht.

Es sollte selbstverständlich sein, dass gerade auch bei der Veröffentlichung von Texten, Fotos und Filmen jede gezeigte, erwähnte Person zustimmen oder abgedeckt werden muss.

Copyright muss erworben werden können allein durch die Erstveröffentlichung in einem Medium. Es sollte daher immer ein Hinweis zur Erstveröffentlichung bestehen. Jedes Bild, jeden Text sollte es nur einmal geben im Internet. Jede Nutzung oder Wiedergabe müsste durch einen Link automatisch verbunden werden. Das sollte verpflichtend sein für alle Medien.

Mit der Zensur 4.0 kristallisiert sich immer klarer heraus, dass freie Selbstbestimmung und Menschenwürde im Widerspruch zur freien Marktwirtschaft stehen. Zensur 4.0 gefährdet die Demokratie. Menschenrechte sollten aber immer einen höheren Rang haben als wirtschaftlicher Erfolg.

Wenn durch richterliche Entscheidung festgestellt wird, dass Daten oder ihre Auswertung eine Straftat darstellen (Verunglimpfung, Rufschädigung), muss mindestens ein Kommentar hinzugefügt werden oder nur dann darf eine Löschung erfolgen.

Zugriffsbeschränkungen sind im Internet sehr fragwürdig. Es gibt immer Wege, Beschränkungen zu umgehen. Es macht auch wenig Sinn, Angebote von inländischen Servern zu verbannen, denn das Netz ist global. Was irgendwo auf der Welt nicht verboten ist, auf das kann zugegriffen werden, direkt oder indirekt.

Der Jugendschutz vor Zugriff auf nicht für Jugendliche geeignete Inhalte, der früher durch Altersgrenzen im Kino oder durch Sendezeiten im Fernsehen geregelt wurde, stellt eine Zensur dar und ist seit der Videokassette und erst recht mit der globalen Digitalisierung sinnlos.

Es ist Aufgabe der Erziehung, die Kinder vor Schaden zu schützen. Was den Kindern schadet und was man ihnen vorenthalten sollte, ist allein Sache der Eltern. Das gilt mit dem Internet endgültig und total. Jedem muss klar sein, das jedes Kind, jeder Jugendliche an alle Inhalte kommen kann, die irgendjemand auf der Welt ins Netz stellt. Man mag es beklagen, aber man kann es nicht ändern.

Ändern kann man nur den Umgang mit diesen Inhalten und wie man es seinen Kindern beibringt, damit altersgerecht umzugehen.

Verbote und Strafen können gar nichts bewirken, denn sie gelten nicht global.

Politik

Die politische Behauptung, etwas sei alternativlos, ist auch Zensur.
Das gilt für das Finanzmodell für Griechenland, wo eine Missachtung eines anderen politischen Ansatzes und die Verleugnung der gemachten Fehler stattfand.
Das gilt für Stuttgart21 mit der Missachtung weiterer Alternativen wie tangentiale Anbindung oder Hochtrasse.
Das gilt für Stromnetztrassen mit der Verdrängung dezentraler Stromerzeugung und Verlagerung der Industrie, der stillschweigenden Annahme der technischen Großerzeugung.

Bei gleichem Ziel ist meistens eine Einigung über die möglichen Wege nicht möglich, weil beide Seiten von unterschiedlichen Randbedingungen ausgehen, die sie gegenseitig nicht akzeptieren.

Es muss eine politische von den Regierungen der EU-Staaten unterstützte Forderung werden, dass Netzanwendungen offene Schnittstellen haben sollten, ob SMS, Whatsapp, Mail, facebook, Twitter, iMessage oder was auch immer an Datenübermittlung existiert oder neu dazu kommt. Zwischen allen muss Nachrichtenaustausch möglich sein. Eine Bindung durch Inkompatibilität an eine Anwendung, um sich mit Freunden im Netz treffen oder austauschen zu können, ist nicht akzeptabel. Das Ausschließen von Nutzern anderer Anwendungen ist Zensur, weil Informationen nicht frei verteilt werden können oder eine Verhaltensänderung der Nutzer erzwungen wird.
Also ist eine Kombination aller dieser Dienste notwendig.
Es müssen EU-Apps für diese Medien gefördert und gefordert werden.

Es muss offizielle Anwendungen geben, die EU-Anforderungen erfüllen und die offener und erfolgreicher sind als die jetzigen, überwiegend amerikanischen.

Eine solche staatliche Aufgabe ergibt sich aus dem Anspruch, dass der Staat eine Grundversorgung sicherstellen muss. Das kann er aber in der digitalisierten Welt nur, wenn er eigene Anwendungen zur Verfügung stellt.
Manche behaupten, Google und Co seien die eigentliche Weltregierung. Ganz so ist es sicher nicht, aber wir müssen auf der Hut sein und uns immer wieder neu fragen, ob wir einzelnen Menschen mit unserer ganz persönlichen Meinung und unserem ganz persönlichen Verhalten noch der Souverän in den Demokratien dieser Welt sind und was wir tun müssen und können, um gegen alle gegenteiligen Einflüsse der Souverän zu bleiben.

Leider verstehen so viele Menschen nichts von Mathematik. Nicht nur die sich blenden lassen, sondern durchaus auch Programmierer und damit die Datenauswerter.
So wird die Regel „wenn B aus A folgt, dann folgt noch lange nicht A aus B" meistens missachtet.
Wenn Terroristen facebook meiden, heißt das eben noch lange nicht, dass jemand Terrorist ist, weil er facebook meidet.
Aber leider verfahren Geheimdienste und Polizei oft genau so bei ihren Auswertungen und Bewertungen.

Wenn öffentlich-rechtliche Sender nicht nur nicht über solche missratenen Schlussfolgerungen aufklären, sondern das in ähnlicher Form selbst verwenden, ist das skandalös und auch eine Form der Zensur

Wer aus Sicherheitsgründen und zum Datenschutz keine sozialen Medien verwendet, Google meidet (es gibt viele Alternativen), darf dann noch lange nicht für BND, BfV als verdächtig gelten und bei Rasterfahndungen entsprechend eingestuft werden.

Personalisierte Werbungen und Suchanfragen berücksichtigen das in gleicher Weise falsch.

Wehren wir uns dagegen, genauso wie gegen eine Bewertung des Fahrverhaltens bei Risiko-Versicherungen.
Die Macht der Mathematik muss in erster Linie uns schützen. Lassen wir nicht zu, dass ihr Missbrauch durch Nichtverstehen uns benachteiligt.

Wir sollten nicht ängstlich resignieren, sondern wir müssen uns digitale Grundrechte bewahren oder schaffen und sichern.
Wir müssen uns Medienmündigkeit erwerben und in die Bildung unserer Kinder aufnehmen.

Demokratie ist niemals fertig, entwickelt sich immer weiter, solange es mündige Bürger gibt.
Die Souveränität der Bürger muss ständig und unermüdlich verteidigt und verstärkt werden.
Ebenso entwickelt sich die menschliche Gesellschaft ständig weiter, das gilt auch für den einzelnen Menschen.
Kürzlich las ich dazu die Aussage eines jemenitischen Flüchtlings
"der Mensch ist nicht, er wird, bis zum Schluss".
Ein wunderbarer Satz.

Datenschutz

Der Begriff Datenschutz beinhaltet mindestens Datensicherheit beim Zugriff, Datensicherung bei der Speicherung, Datengewalt durch die persönlichen Eigentümer.

Daten aus Fahrzeugen sind jeweils Eigentum des Halters oder Fahrers, es darf keine gegenseitigen Leserechte und keine Übermittlung an Dritte geben.
Die ausdrückliche Freigabe auszulesender Daten durch den Eigentümer muss im Einzelfall erfolgen.
Die Datenerfassung muss passwortgeschützt an- und abschaltbar sein.

Nach jahrelanger Nutzung eines iPhones habe ich mir auch ein iPad angeschafft. Für mich waren das zwei getrennte Geräte, über deren Nutzung ich ganz allein entscheiden wollte. Umso erstaunter war ich, als ich nach Inbetriebnahme des iPad darauf einen Teil meiner Fotos und Notizen und Mitteilungen vom iPhone vorfand. Aber nicht alle. Wer hat entschieden, welche?
Warum ohne meine ausdrückliche Zustimmung?
Möglicherweise habe ich Fragen über irgendeine Speicher- oder Übertragungsform wie Cloud oder Stream ungeschickt, weil unaufgeklärt, beantwortet. Ich habe keine Hinweise, ob und wie ich das wieder ändern kann. Solche indirekten Schlüsse und Entscheidungen eines Algorithmus mag ich nicht. Ich möchte im Einzelfall gefragt werden und entscheiden.
Ich bin offensichtlich nicht Herr meiner Daten, kann nicht entscheiden, auf welchen Medien zu welcher Zeit welche meiner Daten stehen, kann weder Übertragung noch Löschung, noch Sicherung und Zugriff kontrollieren.

„kann man alles einstellen", wie mir jemand versicherte. Das ist wenig hilfreich, wenn man nicht wirklich transparent darstellen oder ändern kann.
Schön, wenn ich bei Bedarf eine dieser Aktionen veranlassen kann, aber bitte nicht ohne meine Einwilligung unter beliebigen Annahmen.
Und außerdem muss man Einstellmöglichkeiten auch finden und verstehen können
.

Andererseits sind mir andere gleichwertige Aktionen verschlossen. Es ist gar nicht oder nur unter sehr erschwerten Bedingungen möglich, Übertragungen von Smartphone oder Tablet auf den PC oder eine private Cloud oder andere Cloud oder NAS auszuführen. Diese Bevormundung eigener Gestaltung und Verwaltung ist Zensur.
Die Datenerfassung und -auswertung muss in der Hoheit des einzelnen Nutzers liegen, genauso wie die Entscheidung, wo er seine Daten speichern oder sichern will. Deshalb sind dringend kompatible Schnittstellen zwischen den Geräten und Anwendungen zu fordern.

Die Eigenschaften von Anwendungen müssen individuell einstellbar sein, auch so, dass jede Speicherung, Auswertung und Nutzung der Daten abgeschaltet werden kann.
Niemand sollte sich gezwungen sehen oder gezwungen sein, Daten ausschließlich oder überhaupt in der Cloud abzulegen, wie es bei vielen eBook Angeboten ungefragt geschieht..

Die Möglichkeiten, die weltweit gesammelte Daten bieten, können durchaus dazu dienen, die Lebensqualität zu verbessern, aber sie können auch unser Verhalten ungewollt ändern oder zu falschen Schlussfolgerungen führen.

Es darf nicht dazu kommen, dass Unternehmen oder Staaten mit unseren Daten machen können, was sie wollen. Jeder von uns sollte Herr seiner Daten bleiben, Eigentümer mit allen Rechten.
Datenschutz muss auch politisch gewollt sein!
Die EU-Staaten sollten US-Firmen u.a. wirklich zur Rechenschaft ziehen und die Einhaltung von EU-Recht erzwingen. Anwendungen in Europa müssen völlig anders angelegt sein als in den USA.
Falls das erreicht ist, steht es natürlich jedem persönlich frei, US-Anwendungen statt EU-Anwendungen zu nutzen. Das ist dann aber eine freie, private Entscheidung, aber die EU-Staaten müssen ihren Bürgern ein anderes Verhalten ermöglichen.

Auch ganz besonders für die Cloud-Nutzung sollte gelten, dass die Daten europäischer Anwender ausschließlich mit Einhaltung von EU-Recht in Europa gespeichert sind, es auch keine Kopien auf US-Servern gibt. Das muss für alle Server-Datenhaltungen wie Mail und andere Dienste gelten. Bei Datentransport muss sichergestellt sein, dass der Transport innerhalb Europas erfolgt, wenn Absender und Empfänger sich in Europa aufhalten.
Für den Fall, dass das Netzkonzept Umwege über das Ausland nutzt, muss eine end-to-end Verschlüsselung vorgeschrieben werden.

Niemand darf gezwungen werden, sich durch Aussagen selbst zu belasten. Das muss aber auch für seine Daten, deren alleiniger Eigentümer er sein sollte, gelten. Ausgespähte persönliche Daten sollten keine Zulassung bei Gericht haben, denn sie stellen eine Selbstbelastung dar.
Die oft mit Überzeugung vorgebrachte Äußerung "ich habe ja nichts zu verbergen" ist einfach falsch.

Denn vielleicht nicht direkt, aber durch nicht nachvollziehbare, weil nicht einsehbare Kombination mit anderen Daten, erschließen sich Vermutungen, die wir vielleicht doch verbergen möchten oder für falsch halten.
Aber einmal in der Welt…es bleibt immer etwas hängen.
Früher waren Gerüchte auf die örtliche Umgebung und Nachbarschaft beschränkt, wurden von Banken nicht bewertet. Man konnte ihnen auch durch Ortswechsel entkommen. Das hat sich total verändert. Gerüchte im Netz sind weltweit bekannt und sie werden von Behörden, Banken und Arbeitgebern ganz offen herangezogen zu Bewertungen. Es gibt keine Möglichkeit ihnen zu entkommen oder sie aus der Welt zu schaffen.

Datenschutz erfährt keine große Aufmerksamkeit, die Gefahr wird nicht ausreichend wahr genommen, schon gar nicht der Datenvorenthalt.
Die NSA Affäre hat eher abgestumpft als aufgeweckt, „mir ist ja bisher nichts passiert, worauf soll ich also achten?". Es ist zu wenig über die persönlichen Belange bei Datenspeicherung, -Auswertung und –Verwendung gesprochen worden.

Bei Datenerhebung, Speicherung, Auswertung oder Verwendung sollten zuerst Eigentümerpersonenrechte, dann erst der Nutzen für die Allgemeinheit und ganz zum Schluss der wirtschaftliche Gewinn Einzelner berücksichtigt und immer der Eigentümer gefragt werden. Leider wird zur Zeit überwiegend der wirtschaftliche Nutzen betrachtet.
Und zu viele sind gern bereit, die dann "kostenlosen" Anwendungen zu nutzen.
In einer Demokratie sollte es vorstellbar sein, dass auch Geheimdienste Datenkontoauszüge zu Einsicht freigeben,

gegen deren Inhalt der Eigentümer, also die betroffene
Person gerichtlich Einspruch erheben kann, oder noch besser, deren Änderung oder Löschung der Besitzer, also der
Dienst nur mit gerichtlicher Zustimmung verweigern
kann.

Algorithmen

Ein Algorithmus ist eine Handlungsvorschrift, die ein Mensch formuliert hat, die von seinen Vorurteilen oder Annahmen abhängt. Ein Algorithmus ist daher nicht an sich richtig oder wahr.

Die Aufforderung, einen Schirm zuzuklappen, wenn es zu regnen beginnt, ist ein Algorithmus, aber kein in der Auswirkung immer sinnvoller. Er kann aber sinnvoll sein, wenn er sich nicht an Passanten richtet, sondern die Schirme über Blumenbeeten betrifft, die vor Sonne geschützt, aber beregnet werden sollen.

Dieses Beispiel macht klar, dass Algorithmen nur sinnvoll funktionieren können, wenn sie mit großer Transparenz gehandhabt werden.

Welchen Algorithmus soll oder darf man wann auf welche Daten anwenden, wer entscheidet das und wie wirkt sich das auf die Ergebnisse aus?

Die freie Entscheidung des Menschen darf nicht durch einen übergeordneten Datendiktator ersetzt werden.

Im smarten Verkehr, also beim autonomen Fahren, können falsche Schlüsse von Algorithmen furchtbares anrichten. Aber menschliches Versagen kann das auch. Es ist eine Gratwanderung, beides hat Vor- und Nachteile.

Aber je mehr der Fahrer über die Algorithmen weiß, desto besser können sich beide ergänzen. Wenig Transparenz, also Vorenthalten von Informationen, ist Zensur und ist die schlechteste mögliche Lösung.

Bei Algorithmen werden Vorurteile der Entwickler eingewoben in Routinen und Regeln.

Beispiele im menschlichen Umgang sind Gesichts-Sichtprüfungen der Polizei zur Entscheidung, ob eine Person genauer kontrolliert oder verdächtigt wird.
Das ist bei Entscheidungen von Jugendamt und Richtern die Annahme, dass ein Trennungskind bei der Mutter lebt und nur dafür Formulare und Abläufe definiert werden.
Das sind die Fehlleistungen der Kriminalämter und Geheimdienste bei der Aufklärung der NSU-Morde.
Das wirkt sich aus bei Abläufen zum Datenschutz und bei Abhörmaßnahmen.
Selbst eine freiwillige Selbstkontrolle (wie FSK in Film und Fernsehen) beruht auf Einschätzungen der Beteiligten
Da laufen Algorithmen im Gehirn ab auf Grund subjektiver Annahmen.
Maschinelle, digitale Algorithmen sind da nicht besser, bestenfalls anders.
Annahmen filtern die Daten und sind damit eine Zensur.
Das war schon immer so bei menschlichen Entscheidungen und weitergegebenen Informationen, aber es entfaltet eine unglaubliche Macht durch die globale Digitalisierung, eine bisher unbekannte Wucht an Quantität, bei gleichzeitig stark abnehmender Qualität.

Für Erfolge beim Auswerten massenhaft erfasster Daten gilt eher das Sprichwort "auch ein blindes Huhn…".
Das Anhäufen von Daten verstellt die Sicht auf wichtige Informationen, das gilt nicht nur für Menschen, sondern auch für Algorithmen. Dieses Verhalten der Datensammler wird zu einer reinen Beschäftigungstherapie und verkommt zu einer ungewollten FSK.

Der VW-Abgasskandal beruht möglicherweise auf der einsamen Entscheidung eines Programmierers, "Weltverbesserers". Ich habe auch Jahrzehnte lang Software

entwickelt und niemand hat meine Annahmen kontrolliert oder in Frage gestellt.
Neben Vorurteilen der Programmierer, bewusst oder unbewusst umgesetzt, können natürlich auch Vorgaben der Geldgeber gezielt Algorithmen beeinflussen.

Viele Sprüche im täglichen Leben sind Filter, die Entscheidungen beeinflussen können:
"Lügen haben kurze Beine", "wie die Nase des Mannes…", "wer viel Zucker isst wird dick", "Katze von links…(oder von rechts? - ich kann mir das nie merken)".

Ein anderes Beispiel zum Personendatenschutz:
wenn ein Artur Beudlerer und eine Monika Beudlerer die gleiche Anschrift haben, ist nicht klar, ob sie nur im gleichen Haus oder in der gleichen Wohnung wohnen. Es ist nicht klar, ob sie verwandt, verschwägert, verheiratet oder getrennt sind. Selbst in der gleichen Wohnung können sie miteinander zerstritten sein. Hier werden so oft sowohl von den Zustellern als insbesondere auch von Absendern durch Annahmen Fehler gemacht.
Absender sollten immer direkt an die einzelne Person adressieren, wenn es diese Person betrifft. Sie dürfen sich die Portokosten für einen zweiten Brief nicht sparen.
Da das Briefgeheimnis auf die Person bezogen ist und nicht auf die Wohnung oder Adresse, muss jeder Person ein eigener Brief zugestellt werden.
Alles andere wäre ein Algorithmus mit unzulässigen Annahmen. Selbst vermeintliches Wissen kann veraltet und deshalb zeitlich oder örtlich bedingt falsch sein.

Das Netz neigt zu Monopolen, Mittelwertbildung und damit zur Vereinheitlichung.

Das sollte aber nicht das Maß aller Dinge sein. Jeder muss die Freiheit haben, sich anders als die Mehrheit zu verhalten, ohne unnötige Einschränkungen zu haben.

Individualität ist überlebenswichtig für die Gesellschaft, das gilt nicht nur bei der Gesundheit, sondern auch beim Verhalten. Es ist eine der wichtigsten Eigenschaften sozialer Wesen, dass sie eben nicht alle gleich sind, sich nicht alle gleich verhalten.

Nur so ist die Chance groß, bei Veränderung der Bedingungen dazu angepasste Teile der Gesellschaft zu haben und so zu ermöglichen, dass zwar nicht jeder, aber die Gesellschaft als Gruppe überleben kann.

Feminismus oder Sexismus sind auch Beispiele einer Form von Monopol und damit verbundener Zensur. Natürlich dürfen Frauenorganisationen frei ihre Meinung äußern. Aber oft treten solche Organisationen fundamentalistisch auf, wollen anderen, sowohl Männern als auch Frauen, deren Meinung nehmen. Sie wollen unterscheiden zwischen guter oder schlechter Meinung. Aber jede/jeder muss für sich allein entscheiden, ob sie/er andere Meinungen als gut oder schlecht empfindet. Niemand sollte sich das vorschreiben lassen müssen.

Freizügige Darstellungen zu unterbinden versuchen, indem man sie als Sexismus oder Frauenverachtung klassifiziert, ist der Versuch, anderen ihre freie Meinung zu nehmen durch Erzeugen eines schlechten Gewissens. Aber niemand muss für seine eigene Meinung ein schlechtes Gewissen empfinden. Er soll und darf sich nicht von anderen abhängig machen oder mit ihnen gleich sein. Jeder sollte sich selbst eine Meinung bilden dazu, ob er sich nun selbst zur Schau stellt oder wie er es bei anderen bewertet. Ein Verbot diskriminiert mehr als die Tat, wenn durch die Tat andere nicht objektiv einen Schaden erleiden. Für einen subjektiv eingebildeten Schaden darf man keine Rücksicht erwarten.

Dagmar Rosenfeld schrieb kürzlich in der ZEIT:

"Der Staat hat den Bürgern nicht vorzuschreiben, was sie zu denken haben, wenn sie nackte Brüste sehen. Und auch nicht, was sie zu denken haben, wenn es um Straftaten, Straftäter und deren Motive geht. Erst recht nicht im Namen der Frauen".

Ungezielt arbeitende Geheimdienste und gezielte Werbung sind zwei Seiten einer Medaille.

Suchalgorithmen der Suchmaschinen sind nicht öffentlich. Es mag Gründe geben für solche Betriebsgeheimnisse, meistens soll aber verborgen bleiben, nach welchem Muster wir mit Werbung bombardiert werden. Das liebe Geld, der Kampf um Werbeeinnahmen und Gewinne verwehrt uns die Transparenz.

Jeder sollte, wo immer auf der Welt und mit welchem oder wessen Gerät auch immer, bei einer Suche die gleiche neutrale Antwort bekommen, wie jeder andere gleichzeitig woanders auf der Welt. Wenigstens sollte man das einstellen können, also den verordneten Komfort, die personalisierte Suche abschalten können.

Wenn zwei Menschen dieselben Informationen mit der gleichen Suchmaschine im Internet suchen, bekommen sie verschiedene Ergebnisse. Sie sind gefiltert nach Ort und vermeintlicher Nutzerperson.

Wenn jemand etwas auf facebook postet für alle seine Freunde, dann heißt es noch lange nicht, dass die alle das auch sehen.

Dann bleibt natürlich immer auch noch das Problem, dass Werbekunden des Providers das Suchergebnis beeinflussen können. Das sollte nicht erlaubt sein, könnte aber nur durch Offenlegung der Algorithmen wirklich verhindert werden.

Wird aus Autodaten und Fahrverhalten auf Alkohol, Drogen oder andere Probleme geschlossen, ist das höchst bedenklich.
Denn Vorsicht, da findet keine Blutanalyse statt, sondern es handelt sich um indirekte Schlüsse eines Algorithmus auf Grund von Annahmen.

Es wird richtig bedrohlich, wenn BigData benutzt wird, um das Verhalten eines Menschen vorauszusagen und ihn entsprechend zu behandeln oder letztlich negativ zu bewerten, wenn er sich anders als die Voraussage verhält.
Unsere Meinungsfreiheit, unsere Freiheit an sich ist dadurch gefährdet.

Welche Annahmen beim Algorithmus gemacht werden, weiß bestenfalls der Entwickler. Meistens kann nicht einmal der sicher sagen, zu welchem Schluss der Algorithmus kommt.
Es herrscht also Bevormundung der Nutzer mit einer gewissen Beliebigkeit, es gibt keine Verlässlichkeit.
Algorithmen entscheiden, welche Freunde und welche Informationen uns wichtig sind und welche nicht. Algorithmen entscheiden über Fahrtrouten.
Und der vermeintliche Vorteil, Maschinen würden im Gegensatz zum Menschen keine Fehler machen, ist nicht vorhanden, denn die Algorithmen sind von Menschen mit menschlichen Fehlern entworfen. Programmierfehler können total andere als die beabsichtigten Folgen haben.

Und nicht alle Schlussfolgerungen eines Algorithmus sind vorhersehbar.
Tests haben bewiesen, dass Suchalgorithmen Wahlen entscheiden können.

Gerade der krampfhafte Versuch, poltische Korrektheit zu garantieren, unterschlägt viele politische Aussagen und Vorgänge, so dass sich der Nutzer kein unabhängiges Bild machen kann.

Bei der Vorhersage von Einbrüchen, wie sie derzeit von der Polizei eingesetzt wird, muss klar sein, dass Kriminelle mitlesen oder mitrechnen. Alles was die Polizei kann, können die auch. Sie werden ungewollt von der Polizei mit wertvollen Daten versorgt, die sie bisher nicht hatten, sie können ihr Verhalten ändern und anpassen.
Andererseits werden völlig Unverdächtige in den prophezeiten Gebieten ohne Anlass überprüft. Wieder einmal kommt der Generlverdacht vor der Unschuldsvermutung.

Intelligente Systeme, die unerwünschte Darstellungsbereiche unkenntlich machen, können auch Überwachung verschärfen, sich auf vermutete Verdächtige konzentrieren und so Unverdächtige erst verdächtig machen.
Solange diese Dienste unbehelligt weiter machen dürfen, bleibt zum Eigenschutz eigentlich nur eine Verhaltensänderung, also diese Dienste trotz einiger Vorteile zu meiden, die Wahl des kleineren Übels. Das ist Zensur durch Einschränkungen wegen Verhaltensänderung.

Es muss eine politische Diskussion erfolgen und immer wach gehalten werden über die Möglichkeiten und Grenzüberschreitungen der neuen Techniken, eine Technikfolgenabschätzung in ganz neuen Bereichen und ganz anderer Sicht. Es muss klar sein, dass das keine einmalige, sondern eine ständig zunehmende Diskussion sein wird. Es muss politisch entschieden werden, ob Europa oder Deutschland auf jeden Fall Neuentwicklungen der sozialen Medien in Europa fördert, die unsere Gesetze und das politisch erwünschte von Grund auf einhalten und die mindestens in Europa die suspekten amerikanischen Anwendungen verdrängen.

Während früher der Begriff Zensur dafür verwendet wurde, dass uns Informationen vorenthalten werden, hat sich die Qualität der Zensur weiterentwickelt, wirkt sich zunehmend auf unser Leben aus, indem wir Meinungsäußerungen vermeiden oder unser Verhalten anpassen, damit Algorithmen keine falschen Schlüsse ziehen.
Die Algorithmen, für uns nicht transparent in ihrer Arbeitsweise und Datenauswertung, greifen immer aktiver in unser Leben ein. Unsere Kreditwürdigkeit, unsere Vorverurteilung und Diskriminierung werden durch Algorithmen bestimmt, wir haben kaum Möglichkeiten, das einzuschränken.
Die Gesellschaft und ihre Gesetze müssten durch und durch als Selbstverständlichkeit den Wahrheitsgehalt von Schlussfolgerungen der Algorithmen bezweifeln. Hier muss ganz massiv die Regel „im Zweifel für den Angeklagten" von allen verinnerlicht werden, denn Algorithmen stellen alle unter Generalverdacht in den Grenzen ihrer Randbedingungen und nach den Vorurteilen ihrer Programmierer.

Man kann Algorithmen weder verbieten noch total kontrollieren.
Deshalb müssen die Menschen ihre Sicht der Dinge ändern, sich nicht zum Sklaven dieser Auswertungen ma-

chen lassen. Die Vorteile nutzen und sich gleichzeitig der Nachteile bewusst sein. Schädliche Algorithmen oder ihre Anwender müssen an den Pranger gestellt werden. Die naive Anwendung muss massive Nachteile für die Anwender, nicht für die bewerteten Personen haben. Öffentlicher Zweifel ist der beste Schutz gegen Manipulation.

Im Laufe der technischen Entwicklung hat sich herausgebildet, dass der Mensch Menschen misstraut, aber den Maschinen traut. Das sollte sich dringend ändern.

Es ist wenig wahrscheinlich, von einem Flüchtling aus einem fremden Land bestohlen zu werden, aber es ist sehr wahrscheinlich, von einer Datenbank und ihrem Algorithmus um einen Kredit gebracht zu werden.

Aber nur, wenn es Konsens dazu in der Gesellschaft gibt, werden Gesetz, Justiz und Firmen im Zweifel für den Bürger entscheiden.

Die Algorithmen sollten den Zweifel an ihrem Ergebnis bereits enthalten.

Maschinen sollten auf diese Weise lernen, Respekt vor Menschen zu haben.

Der Mensch sollte immer die endgültige Entscheidung treffen und dafür haftbar sein, er darf das nicht auf eine Maschine schieben.

Wir sollten darauf bestehen, dass uns Kodierung und Daten maschineller Bewertung transparent dargestellt werden, ebenso die Grenzen und Wahrscheinlichkeiten der Bewertung.

Nur wir kennen die Wahrheit über uns am besten, wir sollten Anspruch darauf haben, dass nicht beweisbare oder falsch belegte Daten geändert werden.

Wir müssen ein Recht auf Privatsphäre haben, es ist also klar und darf auch nicht geändert werden, dass Überwachungen und damit die Datenbanken nicht alles über uns wissen. Das darf aber andererseits einen Verdacht gegen uns auch nicht verstärken. Die rechtliche Regel, sich nicht selbst belasten zu müssen, muss auch Eingang in die Algorithmen erhalten. Es muss sichergestellt werden, dass unser Verhalten nicht gegen uns verwendet wird, ob durch Menschen oder durch Maschinen.

Wer entscheidet in Zukunft über die Rechtschreibung in der Textverarbeitung, wer schreibt in Zukunft Zeitungsartikel, Kommentare und Parteiprogramme? Wer entscheidet, welches Parteiprogramm am besten zu mir passt?

Es ist nicht gut, sich total auf Systeme zu verlassen, weil sie Fehler machen können oder nicht alle Randbedingungen erfüllen. Wo Suchsysteme personalisieren, tun dies andere Systeme wie autonomes Fahren oder Navi das eben gerade nicht.
Es ist falsch, nur Vollautomatik anzustreben, vorgeblich aus Komfort-Gründen. Es sollte immer die Entscheidung des Nutzers sein, was er aus den Empfehlungen macht.
Besser als ein entweder-oder wäre ein sowohl-als auch, also die Möglichkeit, den Komfort bewusst ein- oder auszuschalten.
Viele Navis schlagen meistens keine Alternativen vor. Aber es sollte die Entscheidung des Nutzers möglich sein, ob er bei kleinen Zeitdifferenzen die Route wirklich wechselt oder beibehält (Komfort, Erledigungen auf dem Weg). Die Kombination mit Fahrerfahrung, zusätzlichen Informationen oder Randbedingungen sollte möglich sein. Das Verweigern solcher Möglichkeiten ist auch eine Zensur, der Programmierer entscheidet dann vielleicht auf Grund einer bezahlten Anweisung, wie ich fahre.

Verbraucherschutz

Datensammlungen bei wenigen großen Firmen führen zur Einschränkung des Wettbewerbs, zum Vorenthalten von Informationen über andere Produkte.

Wenn eine Firma ihren Hinweis an die Schufa oder eine Bank nicht zurückzieht, werden die betroffenen Kunden auf Dauer blockiert, denn sie können die Daten und Maßnahmen nicht ändern. Das Recht sollten sie aber haben, denn es sind ihre Daten.
In ihrer jetzigen Form ist die Schufa schlimmer als ein Pranger, es werden Unschuldige nicht nur beschuldigt, sondern gleichzeitig ihr Leben massiv beeinträchtigt. Es muss immer gelten "im Zweifel für...", also Schufa und Melder sollten gerichtlich nachweisen lassen müssen, dass der Eintrag berechtigt ist. Nicht der Betroffene sollte beweisen müssen, dass der Eintrag unberechtigt ist. Und selbst in dem Fall weigert sich die Schufa, den Eintrag zu ändern. Das ist eine unerträgliche Bevormundung und durch das Vorenthalten von Lebensmöglichkeiten eine Zensur.

Zur Zeit wird heftig über die Möglichkeit diskutiert, Bargeld abzuschaffen. Auch hier geht es um eine Form der Zensur, Einschränkung und Selbstbelastung. Deswegen sollte es ausgeschlossen sein, das Bargeld abzuschaffen. Genau genommen lässt sich Bargeld aber sowieso gar nicht abschaffen, denn Schuldscheine und Edelmetalle oder Pfänder wird es immer geben.
Das offizielle staatliche Bargeld ist nur transparenter, wertsicherer und einfacher zu handhaben. Insofern ist die ganze Diskussion absurd.

Es geht aber um die Einschränkung oder Erschwerung freier Entscheidungen, dagegen sollten wir uns wehren.
Den vermeintliche Vorteil der Einschränkung von Kriminalität gibt es nicht wirklich. Im Gegenteil, Verbote fördern immer die Kriminalität und Bargeldentzug ist ein Verbot. Kriminelle werden Ersatz für Bargeld finden oder schaffen und dann gegen gute Bezahlung auch anderen zur Verfügung stellen.

Bei personenbezogener Datensammlung und -speicherung sollten politische Grenzen beachtet werden. Also sollten Provider die Daten der Bürger im jeweiligen politischen Gebiet speichern müssen.

Pläne von sozialen Medien wie facebook, mit Werbeklicks direkt zu kaufen, sind sehr kritisch zu sehen.
Über die Werbung wird das Angebot, die freie Wahl eingeschränkt und die Provider können umfassende Verbraucherprofile erstellen.
Wenn man durch Werbung in einen Laden gelockt wird, findet man dort im direkten Vergleich immer noch andere Anbieter, man kann sich den Laden auch danach aussuchen.
Eine Kundenkarte ist dann allerdings auch ein Verfahren, Profile der Kunden zu bekommen, aber die kennen dann nur die Käufe in diesem Laden, es sei denn es handelt sich um Anbieter übergreifende Karten wie payback oder Dienste wie paypal.

Es ist ein Trugschluss zu glauben, man könne alles, insbesondere die Wahrheit im Internet finden und nachlesen.
Es gibt bei keinem Thema "die Wahrheit", es sei denn, dass 1+1=2 ist, aber auch nur, wenn man sich über das Zahlensystem einig ist.

Wir bekommen übers Internet nur leichter und mehr Informationen, um uns dann eine eigene Meinung zu bilden, insbesondere wenn sich die Informationen widersprechen. Aber selbst denken müssen wir immer noch. Wer das aufgibt und die erstbeste Information übernimmt, der verfällt einer Zensur.
Der Aufwand wird durch immer mehr und auch falsche Informationen immer größer. Die Menschen werden in ihrem Tun nicht effizienter, sondern sorgloser und einheitlicher. Das ist ein großer Verlust für die menschliche Gesellschaft. Glücklicherweise gibt es immer noch viele Menschen, die kritisch, nachdenklich und gebildet bleiben.

Wenn nicht auch in Europa Hardware und Software entwickelt werden, sondern andere politische Gebiete wie USA oder China ein Monopol haben, sind wir deren Konzepten, Rechtsauffassungen, Rechtslagen und Geheimdienstzugriffen ausgeliefert.
Handelsabkommen wie CETA oder TTIP erhöhen diese Gefahr. Aus Sicht des Verbrauchers ist das eine massive Zensur, eine Einschränkung der Möglichkeiten und der freien Entscheidung.

Mit Recht gibt es Klagen von Verbraucherschützern gegen facebook, Google und andere Anbieter und Provider, die persönlichen Daten der Nutzer nur mit deren direkten Zustimmung im Einzelfall zu verwenden oder auszuwerten.
Es werden außerdem auch immer mehr Daten erfasst, von denen die Nutzer gar keine Kenntnis haben. Das ist unzumutbar. Sie sollten bei Abholung, Speicherung und Verwendung davon Kenntnis erhalten und ihre Einwilligung im Einzelfall geben müssen.

Die Festlegung auf den Einzelfall ist ausgesprochen wichtig, pauschale Zustimmungen über die AGBs oder Anwendungsverknüpfungen sollten unzulässig sein.

Es sollte auch viel mehr getan werden, um die Nutzer vor Viren, Schadprogrammen, Trojanern, Phishing und sonstigen Eingriffen und Angriffen zu schützen.
Es gäbe schon bessere Betriebssysteme als Windows, Android oder Unix, aber daran ist den Geheimdiensten nicht gelegen, sie möchten leichten Zugriff haben oder sich erhalten.
Selbst wenn man das mindestens den Geheimdiensten zubilligen möchte, werden diese Hintertüren immer auch von Kriminellen genutzt werden.
Ob Kriminelle oder Geheimdienste die Nutznießer sind, jeder sollte sich immer darüber im Klaren sein, dass durch die geheimen Zugriffe und Bewertungen das Leben von Menschen zerstört werden kann.
Gewalt gegen Sachen, dazu gehört auch das Hacken, beinhaltet immer auch direkt oder indirekt Gewalt gegen Menschen.

Uns wird die Entscheidungsfreiheit genommen oder eingeschränkt, wenn wir nur noch personalisierte Informationen und Werbung erhalten. Wir sind dann auch in unserer politischen Sicht und unseren Entscheidungen manipuliert.

Irgendwann können wir nicht mehr zwischen realer und virtueller Welt unterscheiden. Dann haben endgültig die Maschinen die Entscheidung über unser Verhalten übernommen.

Netzneutralität ist ein wesentlicher Wert in der digitalen Welt, auf Netzneutralität muss bestanden werden.

Es darf für niemanden einen Geschwindigkeitsvorrang im öffentlichen Netz geben, denn das wäre Zensur, weil wir bevorzugt Informationen oder Daten erhalten würden, deren Übertragung gut bezahlt worden ist.

Natürlich ist indirekte Beschleunigung durch neue Formen der Kompression jederzeit zulässig, denn das geschieht außerhalb des Netzes, muss aber jedem zur Verfügung stehen. Das würde die Netze sogar zusätzlich entlasten.

Es wäre sonst so, als würde man bei Zahlung einer höheren KfZ-Steuer bei Tempolimits beliebig schnell fahren dürfen und die anderen müssten auf der rechten Spur bleiben.

Klar können die, die sich ein teureres Auto kaufen im Prinzip schneller oder bequemer fahren, aber zu sonst gleichen Bedingungen auf den gleichen Straßen.

Sowenig wie ich für Tempo 130 eine eigene Spur gegen Bezahlung verlangen kann, will ich auf eine spezielle Spur mit Tempo 30 verwiesen werden, wenn ich nichts zahle.

Klar ist mein Tempo vom Kauf von Fahrzeug und Treibstoff abhängig, jeder kann sich was anderes leisten.

Eine direkte Bevorzugung gegen Bezahlung würde sich auf der Straße sicher keine Regierung einzuführen trauen. Dann sollte das auch im Netz nicht möglich sein. So wie mir die Straßen zur Verfügung stehen, um von einem Ort zum anderen zu kommen, so muss mir auch das Netz zur Verfügung stehen.

So kann mein Datentempo durch Gerät und Anschluss begrenzt sein, aber bitte nicht das eigentliche Netz. Wenn mich das Netz bei der Suche nach Informationen benachteiligt gegenüber anderen, die nur einen Film schauen wollen, dann ist das eine Zensur durch Informationseinschränkung.

Während es beim alten analogen Telefon noch Ansätze zur Ausfallsicherheit gab, ist das heute weitgehend nicht mehr erfüllt. Das analoge Telefonnetz der Post hatte eine eigene Stromversorgung, so dass man auch bei Stromausfall telefonieren konnte. Mit den privaten Telefonanlagen an ISDN war das dann nicht mehr erfüllt, es sei denn, man hatte zusätzlich zur Telefonanlage noch ein direkt angeschlossenes ISDN Telefon. Aber inzwischen wird zunehmend auf Netzübertragung (IP-Telefonie) umgestellt, der Telefonanschluss wird simuliert. Damit entfällt auch diese Ausfallsicherheit. Und die Verbraucher wurden nie gefragt oder aufgeklärt oder hatten Bestandsschutz, wussten also meistens nicht, worauf sie sich einließen, was sie an Komfort verloren, oder hatten keine Wahl.

Heute ist nicht nur das Telefonieren, sondern fast alles abhängig vom IT-Netz und von der allgemeinen Stromversorgung.
Wenn Strom oder Netz ausfallen, geht nichts mehr, nicht einmal Einkaufen. Und niemand hat uns gefragt, ob wir damit einverstanden sind. Natürlich haben wir auch naiv alles mitgemacht, haben die Tante-Emma-Läden gemieden, ohne die Folgen zu hinterfragen.
Unsere Großeltern würden sich über unsere Naivität totlachen, mindestens verwundert die Augen reiben, wenn sie wüssten, dass man bei Stromausfall verhungern muss, nicht kochen oder baden kann, möglicherweise auch kein Wasser aus dem Hahn kommt.
Warum lassen wir uns diese totalen Abhängigkeiten gefallen?
Das verschulden keine finsteren Mächte, sondern unsere Gier nach billigsten Produkten, ohne die Zusammenhänge zu reflektieren.

Es dürfte nicht sein, dass bei ungeklärter Rechtslage der Eigentumsverhältnisse Daten gesperrt werden, wie zum Beispiel Musiktitel im Netz in Deutschland gesperrt sind, weil die Gema Einspruch erheben kann.

Die Gema kann versuchen, Ansprüche gerichtlich klären zu lassen und dann zivilrechtlich Vergütungen verlangen, aber sie darf die Titel nicht vorab sperren lassen, denn das ist Zensur und Erpressung, wenn auch vielleicht nur zeitlich begrenzt. Der Verbraucher wird in Geißelhaft genommen.

Das ist nicht hinnehmbar, denn der Verbraucher, der Bürger als Souverän hat auf alle nicht persönlichen Daten Anspruch, sie dürfen ihm wegen einer zivilrechtlichen Klärung nicht vorenthalten werden. Der Kunde ist König, die wirtschaftlichen Hintergründe und Streitigkeiten dürfen nicht auf seinem Rücken ausgetragen werden.

Wenn Algorithmen mit unterschiedlich vollständigen Daten unterschiedliche Personen unterschiedlich bewerten, dann ist das kein Gewinn für den Betroffenen.

Man sollte aber gar nicht versuchen, das Sammeln von Daten mit allen Mitteln zu verhindern, das wird nicht gelingen. Was wir dagegen unbedingt tun sollten, ist die Auswertung zu überwachen.

Persönliche Daten müssen von jedem Besitzer als Datenkonto geführt werden, über dessen Nutzung und Änderung der Eigentümer der Daten, die betroffene Person, unverzüglich informiert wird.

Datenhalter und –Auswerter sollten regelmäßig überprüft werden, sozusagen eine Daten-Hauptuntersuchung wie bei der Fahrtüchtigkeit des Autos.

Soziale Medien und Werbefirmen entscheiden, was uns angeboten wird und was nicht. Weder der Produzent noch wir Konsumenten müssen beteiligt sein, wenn im Smart Home die Werbefirma sich mit meinem Kühlschrank darauf einigt, was eingekauft wird.

Diese Abhängigkeiten zu verbieten, macht keinen Sinn, man kann das nicht wirklich vermeiden. Aber wir sollten uns dessen immer bewusst sein.

Natürlich ist der online-Kauf besonders beeinflussbar, aber ihn zu vermeiden bietet keine Sicherheit, weil der Ladeninhaber meines Supermarktes ja auch beeinflusst oder gar nicht mehr beteiligt ist an den Angebotsentscheidungen.

Wir sind immer weniger souverän und merken es nicht wirklich, weil wir ja ganz "freiwillig" Schritt für Schritt auf unsere Freiheit und unsere Persönlichkeitsrechte verzichten.

In Wirklichkeit ist das eine massive Zensur, Vorenthalten von Informationen, von Dingen und Dienstleistungen. Lassen wir es nicht so weit kommen, bleiben wir Herr über uns.

Die genannten Nachteile werden angeblich massiv übertroffen von den behaupteten Vorteilen der Neuerungen.

Klar gibt es Vorteile, aber man sollte immer abwägen. Und wir sollten uns beizeiten wehren, unangepasstes eigenes Verhalten und Bewusstsein entwickeln und haben, um uns unsere Unabhängigkeit und Eigenständigkeit zu bewahren.

Das galt schon immer in der Geschichte der Menschheit. Und ob wir mit dem Zug fahren, mit dem Flugzeug fliegen oder ins Auto einsteigen, wir sollten immer über Nutzen und Schaden nachdenken. Das gilt eben besonders auch für die digitale Welt.

Während Werbung früher passiv war mit Anzeigen oder Filmen, wird sie zunehmend aktiver. Algorithmen stim-

men die personalisierte Werbung in den sozialen Medien
auf die vermeintlichen Wünsche der Kunden ab und immer massiver ist auch eine direkte online-Bestellung mit
Anklicken der Anzeige möglich.
Früher hat der Kunde bis zum nächsten Einkauf überlegt,
die Verführung klang eventuell ab oder er verglich im Laden Konkurrenzprodukte. Online werden ihm in Suchmaschinen möglicherweise keine oder nicht alle Alternativen
angeboten. Beim direkten Kaufklick im Moment der Verführung verzichtet der Kunde total auf Nachdenken und
Vergleiche. Wenn er auch erst mehrmals die Erfahrung
gemacht hat, dass die gleiche Anzeige beim nächsten Zugriff nicht mehr erscheint oder nicht zu finden ist, dann
wird er zunehmend geneigt sein, sich schnell zu entscheiden, es könnte die vermeintlich letzte Chance sein.
Die sozialen Medien sind zu wenig stabil oder nachhaltig
in ihrer Darstellung, gewähren mir keine Bedenkzeit, sondern wollen drängend verführen.

Es ist sehr wichtig und wird immer wichtiger, dass an den
Schulen bereits sehr früh die Eigenschaften der Medien,
der Einfluss der Algorithmen, die Auswirkungen auf die
Gesellschaft und den Einzelnen, der Wert der Privatsphäre
und der Persönlichkeitsrechte besprochen und aufgezeigt
wird. Nur so können möglichst viele Menschen den Umgang mit der digitalen Welt lernen und etwas gewinnen,
was Prof. Zöllner „Privatheitskompetenz“ nennt.

Es ist passive Zensur, wenn personenbezogene Daten sich
unserer Kenntnis, Kontrolle oder Zugriffs entziehen.

Die angedachte Zustellung von Sendungen mit Drohnen
bedroht das Postgeheimnis durch Falschzustellungen oder

Abfangen. Das sollte zusätzlich zur Unfallgefahr auch bedacht werden.

Die Rechtslage muss verbessert werden, der Schutz der Verbraucher muss klar gestellt werden.
Wir sollten Einflussnahme, Personalisierung aktiv zustimmen müssen, ausdrücklich im Einzelfall. Das macht vieles komplizierter, nicht automatisierbar, teurer. Aber warum sollen wir zugunsten höherer Gewinne der Anbieter auf unsere Rechte verzichten. Wir sollten uns Verzichte zugunsten der Wirtschaftlichkeit bezahlen lassen. Wir verschenken Werte, denn von nichts kommt nichts. Darüber müssen wir alle die Kontrolle behalten.

Wenn man eine Dienstleistung nur bekommt, weil man etwas akzeptiert, was man eigentlich nicht will oder braucht, dann ist das Erpressung oder Nötigung. Das einzige Tauschmittel für Dienstleistungen darf nur Geld sein, keine sonstige Gegenleistung.
Auf jeden Fall fühlen sich derzeit viele immer häufiger genötigt, der Speicherung und Verwertung ihrer Daten zuzustimmen, weil ihnen der unmittelbare Nutzen größer erscheint als der ferne Schaden. Das ist wie beim Rauchen oder Alkoholmissbrauch.

Wenn ich andere Suchmaschinen verwende und Google ausdrücklich meide, bin ich wegen Anwendungsmonopolen wie youtube oder -Maps, oder -Earth, oder -Street doch oft geneigt, mich bei Google zu registrieren für alle Google-Dienste, ob ich wirklich will oder nicht, weil es keine Alternativen gibt oder ich sie nicht kenne.
Ich möchte aber nicht durch Mangel an Angeboten genötigt werden. Diese Monopole darf es in der Marktwirtschaft nicht geben.

Rechtlich einwandfrei, mindestens aber wünschenswert wäre, wenn ich mich für jeden Dienst getrennt registrieren und anmelden kann und muss, und zugesichert wird, dass kein Datenaustausch ohne meine Zustimmung im Einzelfall erfolgt.

Derzeit werden wir aber alle ausgetrickst. Wenn wir nur einen Dienst verwenden, dafür aber oft "freiwillig" zustimmen, dass alle Dienste meine Daten nutzen dürfen.

Wenn ich meine Daten verkaufe, dann will ich das bewusst und transparent und nicht indirekt.

Das Tauschmittel muss immer neutral, also Geld sein, darf keine Verbindung zwischen zwei Nutzungen zulassen.

Auf einem SmartPhone ist oft Google-Maps vorinstalliert, also verwende ich es.

Google-Earth finde ich interessant, klar.

Und wo ist die gleichwertige Konkurrenz für youtube und andere?

Ausreichend gleichwertige Konkurrenz sollte staatlich gefördert werden, wenn die Marktwirtschaft das nicht zustande bringt.

Viele entscheiden sich bewusst gegen die Nutzung einer Cloud für ihre Daten, weil sie ihre Daten dort nicht zugriffsicher aufgehoben glauben. Aber es gibt viele versteckte Cloud-Anwendungen, also Datenhaltung auf den Servern des Providers, von denen die Anwender gar nichts ahnen, weil sie darüber nicht aufgeklärt werden, es im Rahmen eines Updates einfach eingeführt wird.

Das gilt zunehmend nicht nur für Smartphones und ihre Apps sondern auch bei anderen Anwendungen.

So wurde mit der Umstellung der eMail-Verwaltung von POP auf IMAP still und heimlich auf Serverspeicherung umgestellt.

Viele Anwender haben in letzter Zeit ältere Mails vermisst, die sie auf ihrem PC sicher aufgehoben glaubten, insbesondere weil sie dort eingestellt hatten "nie löschen". Aber diese Einstellung ist nach der Umstellung auf IMAP unwirksam, weil die Mails nur noch auf dem Server gehalten werden und die Lösch-Einstellung deshalb zwingend auf dem Server vorgenommen werden muss. Das haben viele nicht gewusst. Hier werden also eMails ohne ausdrückliche Zustimmung des Anwenders gelöscht, Informationen und Daten vernichtet. Wenn das keine Form der Zensur ist!

Es gibt viele andere Beispiele wie die iCloud von Apple oder für Amazon-Kindle. Während man vor einigen Jahren noch alles auf die Endgeräte laden konnte, liegt es jetzt in einer Cloud. Der Nutzer wird gar nicht oder unverständlich gefragt, oder es wird einfach technisch zwingend eingerichtet.
Das alles wird dem Nutzer als Vorteil gepriesen, er kann dann von verschiedenen Endgeräten auf die gleichen Daten zugreifen und er spart Speicherplatz. Das stimmt zwar, aber der Nutzer sollte es trotzdem frei entscheiden dürfen, die technische Möglichkeit sollte deshalb erhalten bleiben und nicht heimlich wegentwickelt werden.

Für die freie Entscheidung ist aber auch notwendig, dass ausreichend große Speicher bei den Endgeräten angeboten werden. Nur dann hat man auch die Möglichkeit, die Inhalte offline zu verwenden, wenn man gerade keinen oder nur sehr teuren Netzzugriff hat.

Überwachung

Bevor wir uns den aktuellen, neuen Formen der Überwachungsmethoden annehmen, möchte ich eine Bemerkung zu alten Überwachungen loswerden als Beispiel dafür, wie wir mit falschen Versprechungen oft genötigt werden, einer Überwachung zuzustimmen.

Es hat mich schon immer maßlos gestört, dass die Begriffe „Videoüberwachung" und „Kameraüberwachung" falsch gewählt sind und als Synonyme verwendet werden.
Eigentlich ist der Unterschied „aufzeichnende Überwachung" gegen "beobachtende Überwachung".
Eine Kamera brauchen beide, das ist also kein Unterscheidungsmerkmal. Aber direkt beobachten oder nur aufzeichnen ist ein entscheidender Unterschied.

Damit ist klar, dass die Aussage „durch (aufzeichnende) Videoüberwachung kann man Verbrechen verhindern" falsch ist. Man kann eine Aufzeichnung bestenfalls verwenden, um die Fahndung zu unterstützen, aber dann ist die Tat längst geschehen.
Wenn man bei sich anbahnender Tat sofort eingreifen und die Tat verhindern will, dann braucht es dazu die (beobachtende) Kameraüberwachung.
Aber welcher Bürger, der einer Kamera zustimmt oder sie hinnimmt, hinterfragt die Form der Überwachung?
Und wir werden auch ganz bewusst darüber im Unklaren gelassen.

Es ist einem Menschen nicht verboten, Geheimnisse zu haben. Er muss nichts Preis geben, was ihn belasten könnte, auch ein Krimineller nicht, ob er etwas im Wald vergräbt oder digital verschlüsselt, spielt keine Rolle.

Daher darf es nicht sein, wenn Polizei oder Geheimdienste IT-Unternehmen zwingen wollen, Hintertürchen einzubauen oder Schlüssel zu knacken.

Immer mehr Daten sollen es richten. Aber dabei wird der "Heuhafen" immer größer, die Stecknadel ist immer schwerer zu finden.
Sammelwut lassen Geheimdienste, Polizei oder Provider wie facebook und Google in Daten ersticken und sie versuchen Misserfolge durch noch mehr Daten zu vermeiden, erreichen aber das Gegenteil, verbunden mit dem Problem, dass die Zahl der unschuldig Verfolgten überproportional zunimmt.
Auch hier gelten alte Weisheiten "klein aber fein" oder „weniger ist mehr", daran sollten sich die Geheimdienste orientieren.

Die Überwachung von Mitarbeitern bezüglich Verhalten, Zustand, Prognose, Fleiß, Gesundheit, Konzentration ist nicht zu akzeptieren. Hier wird der Grundsatz "Im Zweifel für..." massiv verletzt. Unsere Gesellschaft muss auf Vertrauen aufbauen, sonst bricht sie zusammen oder auseinander.

Die Möglichkeiten des Ausspionierens, der Umfang und die Qualität sind jetzt wesentlich höher. Es ist leichter, andere mit dem Smartphone zu beobachten, aus zu spionieren und zu melden oder an den Pranger zu stellen.
Das ist Denunziation wie durch einen Blockwart oder einen IM der Stasi.
Das Schlimmste dabei ist, dass es von staatlichen Stellen nicht nur geduldet, sondern unterstützt wird.
Wachsamkeit unter Nachbarn gegenüber Ungewöhnlichem ist in Ordnung, aber allgemeines Überwachen bitte nicht!

Die Beobachtung oder Überwachung in der eigentlich völlig privaten Umgebung daheim ging vor ein paar Jahren über von der komplizierten Technik mit Wanzen zunächst zum Eingriff in die Steuerung und Abfrage der sowieso vorhandene Webcams. Es wurde dadurch einfacher, umfassender, schwerer zu entdecken, gewann an Qualität und Quantität. Der nächste Sprung kommt jetzt mit dem Smart-TV, die betroffenen Personen sind nicht mehr nur während ihrer Laptop- oder PC-Nutzung beobachtbar und abzuhören, sondern auch beim Fernsehen, egal an welchem Gerät und mit welchen Personen und an welchem Ort.

Wir sollten derartige Eingriffe in unsere Privatsphäre nicht unterschätzen. Es braucht klare gesetzliche Regeln und für den Nutzer transparente Eingriffsmöglichkeiten, technische Kontrollen und Abwehrmöglichkeiten.

IT und Netz

Die zwei wesentlichen Bestandteile der globalen Digitalisierung sind die Netze und die Betriebssysteme (OS).
Deshalb muss man vorrangig einen Blick auf diese beiden Säulen der IT werfen bei den Fragen der Datensicherheit, Ausfallsicherheit, Verletzbarkeit, Überwachung.
Zum Netz muss man wissen, dass seine Struktur zurückgeht auf militärischen Anforderungen in den 60er und 70er Jahren des zwanzigsten Jahrhundert, ausgehend von den damals angenommenen größtmöglichen Störungen.
Die Anforderung war, dass das Netz dezentral ohne Master chaotisch strukturiert ist und dadurch sozusagen nie ausfällt, weil immer ein Teil überlebt bei Angriffen, z.B. in einem Atomkrieg funktionsfähig bleibt und nicht mit einem oder wenigen Mastern alles ausfallen könnte.
Das bedeutet für uns heute in der zivilen Nutzung, dass es keine übergeordneten Instanzen gibt, man also nicht Einträge aus dem Netz entfernen, „das Netz vergisst nichts", oder Zugriffe verhindern kann (es gibt immer einen Weg).
Daran müssen alle Diskussionen um zu verbietende oder zu löschende Seiten scheitern.
Diese Eigenschaften des Netzes erschweren die Zensur durch autoritäre Staaten und das Personalisieren überall, sind also Vorteile für die Nutzer. Für die Abwehr inhaltlicher oder technischer oder sicherheitsrelevanter Angriffe aus dem Netz ist das ein Nachteil.

Die zweite Säule sind die Betriebssysteme. Die bekanntesten waren und sind Unix, VMS, Windows, iOS, Android.
Das sicherste war und ist VMS. Es war seit Ende der 70er Jahre als eines der sichersten Betriebssysteme im Einsatz mit einer hohen Verbreitung. Es kam Anfang der neunziger Jahre in den Verruf, sehr langsam zu sein, Unix und

insbesondere Windows waren viel schneller. Was dabei übersehen oder verdrängt wurde war, dass das ein Tribut an die Sicherheit war. Bei VMS wurde ständig überprüft, ob die Zugriffsrechte des Nutzers und das Zugriffsangebot der Daten zusammen passten. Das kostet Zeit bei der Verarbeitung.

Zusätzlich war die Bereiche des Betriebssystems und der Systemanwendungen streng getrennt von den Benutzerbereichen. Auch diese Absicherung kostet Zeit.

Ein sicherheitsfreies OS kann da natürlich viel schneller sein. Auch hier wieder der Gegensatz zwischen momentanem Nutzen und langfristigem Schaden.

Windows war billig und schnell, weil sicherheitsfrei, deshalb setzte es sich marktwirtschaftlich durch. Sicherheitsfreie Anwendungen waren leichter und schneller zu schreiben als auf Sicherheit bedachte, es gab also eine Flut von billigen und schnellen Anwendungen und eben sehr bald die Sicherheitsprobleme mit Viren, Trojanern und anderem. Schadprogramme konnten Systeme angreifen. Das war bei VMS eher unvorstellbar.

Noch heute, 40 Jahre nach der ersten Einführung von VMS am Markt und 20 Jahre nach seiner Verdrängung laufen in sicherheitsrelevanten Rechenzentren bei Banken und Börsen nach wie vor VMS-Systeme. Warum wohl?

Ein Beispiel aus dem Alltag kann der Umgang mit der Haustür sein. Wenn ich beim Verlassen des Hauses die Haustür nur hinter mir zuziehe, dann bin ich später schneller wieder drin. Das gilt erst recht, wenn außen eine Klinke ist, dann brauche ich nicht mal einen Schlüssel mitzunehmen.

Wenn ich allerdings die Haustür immer mit Schlüssel mehrfach verschließe, dann brauche ich länger zum Verlassen und zum Betreten des Hauses. Das gilt erst recht,

wenn ich mehrere Schlösser bedienen muss. Der kurzfristige Nutzen ist klar. Ein später Schaden durch Einbruch ist vage und tritt vielleicht niemals ein.
Sicherheit kostet Zeit und Geld. Ohne Sicherheit riskiere ich aber tiefe Eingriffe in mein Leben. Das gilt für die Haustür genauso wie für ein Betriebssystem.

Netze für Verkehr aller Art sollten staatlich als Grundversorgung zur Verfügung gestellt werden für Strom, Wasser, Entsorgung, Straßen, Schienen, Schifffahrt, Luft und ebenso das Datennetz.
Natürlich können sich private Anbieter beteiligen, aber sie haben keinen Monopolanspruch, Monopole sollten kartellrechtlich verhindert werden.

Schon in den 80er Jahren gab es offene Diskussionen unter Insidern über Hintertürchen in Software und Hardware, die auch von amerikanischen Geheimdiensten erzwungen würden. Es mag eine haltlose Verschwörungstheorie sein. Andererseits scheint es auch sehr glaubwürdig, dass Geheimdienste offene OS wie Windows gefördert haben, aber Firmen, die sichere OS angeboten haben, in den Ruin getrieben haben über wirtschaftliche Zwänge der Militärs und Gerüchte über mangelnde Leistungsfähigkeit.

Nachdem kürzlich Apple vom FBI bedrängt wurde, wäre es eigentlich wünschenswert, ein solcher Anbieter würde seinen Sitz oder eine große Niederlassung nach Europa verlegen, wäre dort vor amerikanischen Diensten sicherer und könnte in Europa Anwendungen und Betriebssysteme nach europäischen Anforderungen entwickeln und anbieten.
Für uns in Europa sollte ganz klar gelten, dass der Zwang zu Hintertürchen, auch nur das bittende Verlangen, rechtswidrig sein muss.

Zur Schaffung einer sicheren europäischen Infrastruktur
sollten wir nicht auf importierte Hardware und Software
setzen mit ihren vermuteten oder sogar bekannten Sicherheitslücken oder Überwachungsfunktionen.
Das Verständnis vom Menschen und seiner unantastbaren
Würde ist in Europa ein ausgeprägt anderes als in anderen
Regionen, insbesondere auch Amerika.
Anwendungen in Europa müssen dieses Menschenbild
verinnerlichen, sonst wird es beschädigt.
Diese menschlichen und gesellschaftlichen Errungenschaften sollte wir uns nicht nehmen lassen, insbesondere nicht
aus Bequemlichkeit.

Wenn wir als Individuum die Kontrolle über unsere Daten
verlieren, nicht mehr Herr unserer Daten sind, dann sind
unsere Freiheit und unsere Kultur gefährdet, dann erfahren
wir eine Zensur unserer Offenheit und Ehrlichkeit.

Virtuelle Realität, die Mischung aus Realität und eingefügten Bildern und Informationen, wird eine zunehmend
größere Rolle spielen.
Damit entsteht natürlich auch eine immer größere Abhängigkeit.
Das Merken von Terminen und Telefonnummern wird
immer mehr vernachlässigt.
Zum Recherchieren werden nicht mehr Lexika oder Bibliotheken verwendet, sondern das vermeintlich immer zugängliche Internet mit allen vorstellbaren Daten und Informationen.
Zu einem Foto von einem Menschen oder einem Gebäude
bekommt man alle Informationen dazu.
Einen Weg finden oder Spuren suchen wird zunehmend
von Navigationssystemen übernommen und von Personen
verlernt.

Der vollständige Ersatz derzeitiger Medien und Informationsquellen durch das Internet ist also für die Zukunft der menschlichen Gesellschaft nicht ungefährlich.
Besser wäre, wenn möglichst viele Menschen neben dem Internet auch eigene Fähigkeiten und andere Quellen nutzen würden.

Manche Betrachter hegen andererseits die Hoffnung, dass man Menschen von den passiven Bildschirmen oder Spielkonsolen mit Hilfe der virtuellen Realität wieder in die wirkliche Welt draußen locken könnte, dass insbesondere Kindern und Jugendlichen mit sogenannten Wearables und elektronischen Schnitzeljagden das Spielen im Freien wieder schmackhaft gemacht werden könnte, sich also mehr Menschen insgesamt wieder länger im Freien aufhalten werden.

Die Cloud-Technik, die in den neunziger Jahren bereits vorhanden war. aber durch den Siegeszug der PCs verdrängt wurde, findet zunehmend wieder Verbreitung und bietet neue Einfallstore. Verschlüsselung und Zugriffssicherung wären eigentlich unabdingbar, denn meine Daten dürfen ausschließlich nur von mir eingesehen, kopiert, verwendet oder weitergegeben werden.

Sicherheitslücken in Betriebssystemen sollten unbedingt veröffentlicht werden, mindestens nach einer kurzen Schonfrist für Nachbesserungen des Anbieters, um die Nutzung der Lücke zu verhindern.
Der derzeitige Zustand, dass sogar staatliche Stellen solche Erkenntnisse zurückhalten, um sie selbst für ihre Trojaner und Überwachungen nutzen zu können, muss beendet werden.

Wenn den Bürgern solche Informationen vorenthalten
werden, gefährdet das die IT-Sicherheit und ist Informati-
ons-Zensur.
Die organisierte Kriminalität verkauft derartige Kenntnis-
se oder nutzt sie für Erpressungen. Das muss ein Ende haben.

Wir müssen die Entwicklung der Künstlichen Intelligenz
genau beobachten und bewerten. Es darf nicht sein, dass
"Maschinen"/Algorithmen die volle Kontrolle überneh-
men, uns manipulieren, sich unabhängig weiter entwickeln.

Die 3D-Smart-Brille ist eine Übergangstechnik, sie wird
durch Hologramme verdrängt werden. Dann sehen und er-
leben wir eine Mischung aus Realität und Virtualität nach
Belieben der Algorithmen direkt vor uns.
Beide Welten werden immer mehr verschränkt und sind
für uns immer weniger unterscheidbar.
Wir Menschen könnten die Kontrolle verlieren.
Roboter Ethik, wie sie Isaac Asimov vorschwebte, ist ein
Traum, nicht realisierbar, weil das gar nicht alle wollen.
Wir erleben doch jetzt bereits, wie Marschflugkörper und
Helikopter-Drohnen diese ethischen Regeln verletzten.
Menschen haben Streit, führen Krieg, wollen Überlegen-
heitsgefühl, können sich nicht beherrschen und einschrän-
ken, sie werden KI ohne Ethik einbringen, und tun es
schon.

Medien

Manche Medien transportieren bewusst falsche Inhalte, denn wichtig ist nur der Umsatz, also Quoten abhängige Werbung, nicht der Inhalt.
In sozialen Medien bilden sich Gruppen und Monopole, unwidersprochene Behauptungen prägen die Meinung großer Gruppen durch Meinungsführerschaft.
Es gibt keine Aufklärung oder Richtigstellung oder Gegendarstellung wie es in Druckmedien Pflicht ist.
Frei erfundene Kommentare werden beliebig mit in anderem Zusammenhang entstandenen Bildern und Filmen veröffentlicht.
Subjektives Filtern führt zum Vorwurf der Lügenpresse, ist aber kaum zu vermeiden, weil Einfaches beim Verbraucher besser und mächtiger ankommt als Komplexes.

Man sollte sich auch immer vergewissern, wie unabhängig Redaktionen sind, wer sie finanziert. Im Internet tauchen immer mehr sogenannte Nachrichtenseiten auf, die sich aber oft als Anhängsel eines großen Unternehmens entpuppen. Ob Pharma, Auto, IT, Mobilfunk oder andere, sie werden im Themenfeld ihrer eigenen Produkte niemals neutral oder vollständig berichten. Weil es „die Wahrheit" nicht gibt und Meinungsfreiheit gilt, ist das so. Wir Verbraucher müssen eben aufpassen und nicht unkritisch konsumieren. Jeder muss sich jederzeit fragen, ob er Vertrauen hat oder nicht.

Soziale Medien wie facebook sind von vornherein so einfach angelegt, dass sie europäischem Recht nicht genügen können. Die gesamte Infrastruktur solcher amerikanischen Anwendungen lässt eine Rechtmäßigkeit im europäischen Sinn gar nicht zu. Deshalb werden diese Medien trotz entsprechender Zusagen unsere Rechtsauffassungen gar nicht erfüllen können. So ist ein gezieltes Löschen von Inhalten reproduzierbar wohl völlig unmöglich, weil es eine Funktion des Wiederfindens von Einträgen gar nicht gibt. Man kann einen Eintrag, den man gern noch einmal lesen möchte, gar nicht finden, also auch nicht löschen.

Die Reihenfolge der Einträge scheint beliebig und kann sich bei einem späteren Aufruf auch verändert haben, es werden nicht immer alle oder auch nicht die gleichen Einträge angezeigt. Das gleiche gilt für die Antworten. Es gibt keine chronologische, keine alphabetische oder sonst irgendwie erkennbare oder einstellbare Folge. Es ist für die heutige Zeit absolut ungewöhnlich, dass es in einem solchen Medium keine inhaltliche Suchfunktion gibt. Es erstaunt, dass facebook trotz dieses Mangels so großen Erfolg hat.

Es gibt keine Klarheit, wer was wo wann lesen kann.

So viel Beliebigkeit und Undurchschaubarkeit wie bei facebook war und ist selten.

Selbst wenn facebook mehr kann, so ist eine Löschung oder Korrektur vom Nutzer nicht transparent überprüfbar.

Diese Beliebigkeit ist wie ein Nebel, diese Unzugänglichkeit ist eine Zensur, denn ich kann nicht finden und lesen was ich will, sondern was facebook will.

Die einzige Chance für eine Verbesserung wäre eine eigene europäische Entwicklung einer vergleichbaren Anwendung, deren Infrastruktur europäisches Recht und europäischen Anspruch von vornherein sicherstellt.

Selbst ein sehr brauchbares und anerkanntes Medium wie Wikipedia, das vielen Menschen ein Lexikon ersetzt oder überhaupt erst Zugang zu einer solchen Stoffsammlung ermöglicht, übt Zensur aus.

Jeder kann das ganz leicht ausprobieren, indem er einfach eine Ergänzung oder Änderung einträgt. Eine solche ergänzende oder korrigierende zweite Meinung wird vom ursprünglichen Autor meistens nicht zugelassen oder gleich wieder gelöscht.

Es ist aber reiner Zufall, wer zu welchem Thema erster Autor ist und bevorzugte Rechte hat, es gibt keine übergeordnete Redaktion, die zweite Meinungen oder Gegendarstellungen zulässt oder verlangt.

Keine Frage, die meisten Nutzer möchten auf Wikipedia nicht verzichten.

Aber wir sollten uns immer darüber im Klaren sein, dass die Inhalte subjektiv und nicht vollständig sind, und das nicht nur zufällig, sondern oft auch ganz bewusst.

Es gibt Bemühungen, Text-Roboter Texte und Nachrichten erstellen zu lassen mit dem Ziel, eines Tages personalisierte Meldungen zu erzeugen. Dann wird es wirklich gefährlich, dann findet Zensur statt. Denn dann erfährt jeder nur das oder in einer Färbung, wie es der Algorithmus will. Und er erfährt über Ereignisse anderes als seine Bekannten, oder Berichte über andere Ereignisse. Es werden also Inhalte so zugeteilt, wie ich bezogen auf meine persönlichen Daten eingeschätzt werde. Das behindert die freie Meinungsbildung, inhaltliche Bewertung und die Kommunikation der Menschen untereinander massiv.

Wenn derzeit zwar die Meldungen in den Medien sich unterscheiden können, so sehen doch alle Leser jeweils die gleiche Meldung und können sie mit ihren Kenntnissen einordnen oder relativieren. Wenn aber jeder Leser eine eigens personalisierte Meldung bekommt, dann findet sich jeder in seinen Meinungen und Vorurteilen bestätigt, denn die werden positiv betont, widersprechende Ereignisse werden beschönigt. Alle haben dann andere Darstellungen und ihnen wird das kritische Vergleichen abgewöhnt, jeder ist mit sich und den Meldungen im Reinen. Das ist Zensur und massive Behinderung der Entwicklung einer demokratischen Gesellschaft.

Mit falschen Inhalten werden wir manipuliert. Viele Menschen neigen dazu, sich in einer Gruppe wohl zu fühlen, andere Meinungen auszublenden. Das ist besonders einfach mit den Freundschaftsgruppen in den sozialen Medien möglich.

Immer häufiger wird, insbesondere in autoritären Staaten, gegen Nachrichtenüberbringer ermittelt statt gegen den in den Berichten erwähnten Täter.
Das Bezichtigen der Lüge des Berichterstatters wird zunehmend juristisch als Schutzschirm gegen die Verfolgung der Untaten verwendet.
Das ist ein massiver Eingriff in die freie Berichterstattung und Meinungsfreiheit.
Klar darf und muss es juristische Möglichkeiten geben, gegen grobe Verunglimpfung, Rufschädigung und Lügen vorgehen zu können. Aber es darf nicht zum Standard werden gegen jede unbequeme Meinungsäußerung. Es darf kein Recht des Stärkeren geben.

Virtuelle Realität, falsche Aussagen, Verschwörungstheorien sind verschiedene Ausprägungen einer passiven Zensur, weil sie vorgeben, was gar nicht ist.

Sicherheit

Es kann aufwandsbedingt gar keine umfassende Auswertung von allen gespeicherten Daten geben, wenn alle möglichen Daten erfasst würden.
Fragestellungen, Raster ändern sich auch durch die Daten selbst und durch den Grund oder Ort ihrer Erfassung.
Die Daten werden nach einem Vorfall völlig anders ausgewertet als davor. Man gewinnt Erkenntnisse, die man aber dann leider zu spät bekommt. Die Voraberkennung von Terroranschlägen oder sonstiger schwerer Kriminalität ist sehr unwahrscheinlich. Das hat sich bei fast allen Anschlägen gezeigt.
Die Täter waren oft polizeibekannt oder vollkommen unauffällig. Warum weiß man nicht mehr über das Verhalten der Polizeibekannten und muss man ansonsten alle unauffälligen Bürger unter Generalverdacht nehmen?
Anschläge wurden also durch Datensammeln kaum verhindert. Aber reicht der Nutzen, den man aus den Daten nach einem Anschlag zieht über Vorgeschichte und Kontakte der Täter, die meistens tot sind, also auch nicht gefasst und verurteilt werden können, um die Daten aller Menschen zu erfassen und in die Rasterfahndung zu geben?
Das ist keine Sicherheit vor Anschlägen, wie uns immer wieder weiß gemacht wird.
Um der Rasterfahndung keine Anhaltspunkte für einen falschen Verdacht zu liefern, müsste man sein Verhalten ändern oder anpassen. Das ist Zensur.
Mit einer umfassenden Überwachung wäre die Sicherheit vor einem falschen Verdacht und dem Zugriff der Polizei gefährdet. Diese wesentlich umfangreichere Einschränkung meiner persönlichen Sicherheit ist wesentlich größer und umfassender als durch Terroranschläge.

Wäre die weltweite Terrorgefahr wirklich so groß und die Terrorgruppen wirklich so mächtig, wie uns manche Politiker und Geheimdienste weiß machen wollen, dann gäbe es inzwischen einen weltweiten Flächenbrand, dem wir kaum noch entkommen könnten.
Tatsächlich piekst da nur eine Nadel im Heuhaufen, die wir nur finden, wenn sie piekst, also zu spät. Alles Suchen vorher ist ergebnislos oder führt das Pieksen erst noch herbei.

Diese massiven Drohungen der Geheimdienste wegen abnehmender Sicherheit als Begründung von Totalüberwachung ist auch Zensur, weil sie uns einerseits die Wahrheit vorenthält, andererseits uns nötigt, unser Verhalten zu ändern.
Zu Zeiten von RAF, IRA und ETA sind jährlich um Größenordnungen mehr Menschen in Europa durch Terroranschläge gestorben als jetzt durch den IS.
In Wahrheit ist die Sicherheit nicht mehr in Gefahr als schon immer, vielleicht sogar weniger, denn das Leben war schon immer lebensgefährlich.

So wie sich der NSA Chef äußert, will er Cyber-Präsenz und Spionagetechnik (Trojaner) auch außerhalb der USA weltweit installieren und jeden angreifen, der aus NSA Sicht des Cyber-Angriffs verdächtig scheint, also Zugriff und Angriff ohne jeden Beweis.
Da eine rechtlich eindeutige Zuordnung von Gerät und Person nicht möglich ist und außerdem in Rechtsstaaten ein Zugriff nur auf richterliche Anweisung erfolgen darf, bedeutet dieses Verhalten die Verabschiedung von Rechtmäßigkeit weltweit. Es wird ohne Rücksicht auf die betroffenen Menschen ein weltweiter Cyberkrieg entfacht.

Jeder auf Datenschutz bedachte Bürger steht unter Verdacht, etwas verbergen zu wollen. „1984" lässt grüßen.
Es gibt aber einen Unterschied zwischen verbergen und nicht preisgeben. Ich allein entscheide, was ich nicht preisgeben will, nur ein Richter kann entscheiden, was ich nicht verbergen darf.
Instabilitäten und Misstrauen im Verhältnis der Staaten werden zunehmen, die Sicherheit der Menschen wird auf der Strecke bleiben, obwohl genau die als Begründung von der NSA und anderen Diensten vorgebracht wird.

Die EU muss dringend ihre eigene Cyberpolitik definieren und bekannt machen. Das sollte auch öffentliche Warnungen über Ereignisse und Auswirkungen beinhalten. Die EU sollte sich nicht an Cyberkriegen beteiligen, nur Angriffe abwehren, keine Angriffe als angebliche Vorausverteidigung unternehmen.

Wir sollten nicht auf die Hoffnung nach dem Verschwinden von Einflüssen setzen. Denn das setzt alle in den Ruhemodus bis das (nie) erreicht ist.
Wir sollten uns stattdessen der vorhandenen Einflüsse bewusst sein und damit im täglichen Leben und einer sich ständig ändernden umgebenden Gesellschaft umzugehen lernen. Und wir sollten natürlich immer wieder aktiv politisch an der Verteidigung unserer Freiheit arbeiten.

Der Autor ist Naturwissenschaftler, in Hamburg geboren
und aufgewachsen, und lebt in Süddeutschland. Er hat
mehrere Kinder und Enkelkinder.

Links und Kontakt zum Autor:

www.neiiiin.de
www.greatgreen.de

email: martin.orack@greatgreen.de
facebook: martin.orack

interessant:

www.die-sozialliberalen.de

Blog www.överthun.com

youtube-Kanal "Peter Dannig"